Jàngal nga bañ

Outil de travail pour le chercheur débutant
(Licence en Histoire)

Pape Chérif Bertrand Bassène

Ndiouga Benga

Jàngal nga bañ

Outil de travail pour le chercheur débutant (Licence en Histoire)

L'Harmattan Sénégal

10 VDN, Sicap Amitié 3, Lotissement Cité Police, DAKAR

senharmattan@gmail.com
senlibrairie@gmail.com

ISBN : 978-2-14-035518-9
EAN : 9782140355189

Ce travail est rendu possible grâce à une subvention de la Commission Recherche de la Faculté des Lettres et Sciences Humaines de l'Université Cheikh Anta Diop de Dakar.

Nous exprimons tous nos remerciements au Doyen de la Faculté des Lettres et Sciences Humaines, Professeur Alioune Badara Kandji ; à Professeur Idrissa Bâ, Chef du Département d'histoire ; à tous les collègues du Département d'Histoire...

1. Organisation de l'ouvrage

Nous commençons par une orientation de l'étudiant dans la Faculté des Lettres et Sciences Humaines de l'Université Cheikh Anta Diop de Dakar (UCAD), ainsi qu'une présentation de l'organisation du cycle Licence. Après le volet administratif, l'étudiant pourra découvrir le lexique familier du monde de la recherche, et les méthodes pour l'aider à mieux comprendre ce qui l'attend au niveau pédagogique.

Précisons que la cible de ce travail est l'étudiant en niveau *Licence* (1.2.3) et aurait pu uniquement se limiter à traiter des questions de ***méthodologie du Commentaire, de l'Exposé et de la Dissertation.*** Il y est néanmoins question d'apprentissage du métier d'historien dès lors que le *C*ours *M*agistral (CM) est une initiation théorique basée sur les résultats des connaissances produites sur une thématique donnée.

Le CM est étroitement lié aux différentes questions de méthodologies sus indiquées. C'est-à-dire, une initiation pratique à la manière dont sont produites les connaissances historiques à travers le ***commentaire de documents***, la ***rédaction*** et la ***présentation d'exposés*** ; mais aussi la technique de ***dissertation***.

Selon les approches des enseignants qui leur apprendront dans leurs sections respectives, les méthodes et outils nécessaires à l'historien professionnel, l'étudiant va, à partir du niveau Licence, découvrir les perspectives professionnalisantes de ses études. Il pourra continuer à s'initier à la recherche et découvrira un autre volet de ce travail qui portera sur les cycles Master et Doctorat.

Pour l'enseignant-chercheur, cette présentation à usage didactique doit être considérée comme tout autre plan de travail qui s'inspire beaucoup de l'***École de Dakar***, en termes de méthodologie. Nous nous sommes laissés inspirés par des travaux comme *La méthodologie de l'histoire de l'Afrique contemporaine* (Unesco 1984) ; *Le coffre à outils du chercheur débutant* (Létourneau 2006) ; *Patrimoine et sources historiques en Afrique* (Thioub 2007) ; la méthodologie de l'ouvrage *Les terroirs de la Sénégambie* (Fall 2016) et bien d'autres travaux de méthodes historiques.

2. *Outillage « Cycle L »*

Selon l'article 19 des franchises universitaires, « l'étudiant est libre de suivre ou de ne pas suivre les enseignements dispensés ; cependant, le défaut d'assiduité aux enseignements obligatoires peut faire l'objet de sanctions ».

Devenir étudiant impose une certaine prise de responsabilité et surtout une organisation personnelle. L'étudiant est avant tout libre de ses choix, il n'est plus lycéen et doit trouver les moyens de maîtriser l'ensemble des règles propres à des exercices incontournables comme la dissertation, l'exposé oral et le commentaire de documents. C'est donc une question de méthodes, méthode historique mais aussi d'organisation.

2.1 L'assiduité

Les retards comme les absences ne vont jamais vous avantager. En travaux dirigés (*TD)* par exemple, après 3 absences, l'étudiant n'est pas autorisé à passer l'examen. De même, quand il s'absente plusieurs fois sans raison aux cours magistraux (CM), il est sûr de manquer à une phase importante de la documentation nécessaire pour réussir l'année en cours.

Vous devez donc très tôt prendre connaissance de votre emploi du temps, passer souvent dans le hall du département ou visiter le site du département pour vérifier s'il y a des modifications de calendrier qui seront toujours annoncées. Allez à la recherche de l'information et n'attendez pas qu'on vous l'apporte !

2.2 *La prise de notes*

Il n'y a pas de technique universelle pour noter des informations que l'on veut avoir en mémoire ; chaque personne a certainement été amenée à choisir une technique propre pour retenir un certain nombre d'informations utiles. Toute technique utilisée pour la prise de notes permet surtout de pallier l'oubli de choses entendues et/ou vues ; ainsi en les écrivant, cette simple action nous aide à s'en souvenir et mieux à pouvoir y revenir à travers les notes pour nous en remémorer.

Pour l'étudiant, il est utile d'être attentif afin de comprendre dans le cas d'un cours, et conséquemment de pouvoir prendre des notes de ce qu'il trouve important chez un orateur, ici l'enseignant, notes qui lui seront très utiles au moment des révisions.

Aujourd'hui avec les smartphones, les générations nouvelles ont leur langage. Il n'est pas interdit de pouvoir utiliser le langage *short message/messaging system* ou *SMS* dans la prise de notes, néanmoins pour ce travail intellectuel d'écoute et de compréhension oral dans le cadre académique, le niveau de langue est exigé. Ce qui fait que travailler son vocabulaire en usant des abréviations traditionnelles reste plus conseillé.

Il faut surtout se dire que lors du CM, qui est une phase de documentation, l'enseignant-chercheur propose son développement sur la problématique du cours avec des idées-clés qu'il va exposer. Ne vous attendez pas à une dictée, et même s'il venait à vous dicter son cours — ce qui ne vous apporte rien en tant que chercheur débutant — mais alors charge à vous de repérer ces idées principales en faisant la part des choses entre le développement qu'il en fait dans les différentes parties et les exemples à l'appui. Après tout, il s'agit de retenir l'essentiel et de l'organiser de manière à donner sens pour vous d'abord et selon les attentes du cours.

S'il n'existe pas de méthode universelle, il y a au moins des abréviations communes ou des symboles qui permettent de gagner du temps dans cet exercice entre écoute et écriture. Vous pouvez par exemple :

– *supprimer les dernières lettres après une consonne (**org. Econ.**) ;*

– *utiliser les préfixes (**philo, bio**) ;*

– *omettre les lettres du milieu (qqf, qqch, qqn) ;*

– *prendre les premières lettres pour les mots qui reviennent souvent (**Cours Magistral = CM ; Travaux Dirigés = TD ; Relations internationales = RI**) ;*

– *remplacer la terminaison par un symbole (**ion** = °, attent° ; **ent=T**, latT ; **aire=R**, VictimR ; **a-emme=M**, prograM)*

À noter que pour être efficace, la seule règle est celle d'être attentif durant le cours de manière à pouvoir noter tout ce qui pour vous mérite d'être approfondi après le cours. Cela suppose donc qu'il y a un travail à faire après la prise des notes, c'est celui de les revoir !

2.3 Travailler ses notes de cours

Il y a une certaine exigence que vous devriez vous imposer, il s'agit de revoir vos notes de manière à vérifier vos propres abréviations, y apporter des informations supplémentaires en allant vers la documentation conseillée.

Vous n'êtes plus au Lycée, désormais après le cours, si vous voulez avoir une leçon, c'est à vous de rédiger une leçon aidée de vos notes et les différentes sources de documentation conseillées. Le cours, les notes du cours (magistral surtout) ne suffisent pas ; vous devez lire les autres documents.

2.4 Les contrôles de la progression

Deux types d'exercices notés sont possibles, le premier (ce n'est pas une obligation chez l'enseignant) évalue la progression de l'étudiant à travers des devoirs à faire en classe ou à la maison ; tandis que le second appelé « devoir sur table » est un examen terminal qui intervient à la fin de chaque semestre. L'étudiant doit penser à s'exercer, surtout pour les Travaux Dirigés (TD), et prendre l'habitude de se documenter pour proposer un travail intellectuel riche.

Si pour le devoir maison, l'étudiant peut avoir le temps d'aller à la bibliothèque, de rechercher des informations en ligne sur les sites à contenus académiques ; pour le devoir sur table, il s'agit de démontrer qu'il a réellement fait les activités de documentation qu'on attend d'un chercheur débutant d'où le besoin d'un brouillon d'ailleurs.

2.5 Le brouillon

Il permet d'effectuer un travail préalable de discernement, d'analyse. Il s'agit surtout de mobiliser les connaissances qui démontrent une compréhension de l'exercice en respectant surtout la méthodologie attendue. Avec le brouillon, on peut griffonner ses premières idées et les affiner, si nécessaire, par la suite.

2.6 Relire sa copie

Réservez-vous un temps pour relire votre travail. Une feuille d'examen avec des problèmes de niveau de langue n'est jamais facile à lire et cela peut jouer sur les appréciations.

3. Le vocabulaire de l'historien

L'une des notions les plus prisées en histoire et qu'on utilise couramment est celle des « Sources » : « quelles sont vos sources » vous dira-t-on souvent ? Car c'est une science basée sur la documentation, c'est-à-dire qui se fait avec les documents. Mais le document peut être utilisé de plusieurs manières par l'historien pour exposer ses arguments. C'est ainsi qu'on a un certain nombre d'expressions que vous connaissez déjà comme l'explication du document en histoire ou le ***commentaire***, la ***dissertation*** voire ***l'exposé*** qui renvoient à des activités intellectuelles données et qu'il s'agit de maîtriser. D'ailleurs, les trois types d'activités citées (***commentaire de document, dissertation, exposé***), sont des méthodes d'exposition des arguments en histoire qui, bien qu'étant différentes, n'en sont pas moins tenues de respecter la même architecture, c'est-à-dire, une introduction, un développement et une conclusion ; de même qu'ils partagent un certain lexique comme : thème, problématique, etc…

3.1 Le document en histoire

Pour écrire l'histoire, il faut un document et c'est l'interprétation de ce document qui donne naissance au texte historique. Ce qu'on appelle donc « document » en histoire renvoie à la source que l'historien utilise en fonction d'un objectif de production d'une connaissance historique. En d'autres termes, le document vous invite à réfléchir sur l'histoire.

Insistons que, c'est en interprétant les sources [qui sont de différentes natures (voir ***nature du documen***t plus loin)] que l'historien écrit l'histoire et c'est pourquoi les étudiants sont formés au commentaire de document. La notion de document renvoie ainsi, aussi bien aux textes imprimés qu'aux documents iconographiques et tant d'autres sources pour l'histoire.

3.2 Sources primaires/sources secondaires

Document primaire / document secondaire, encore que la distinction ne soit pas toujours pertinente. Le document est secondaire parce que l'auteur n'est pas le témoin de ce qu'il raconte. Mais pour autant, un texte peut être à la fois une observation savante sur les représentations sociales de son temps et constituer ainsi pour l'histoire un témoignage de ces représentations, c'est-à-dire un document primaire[1].

3.3 Thème / Thématique

Nous utilisons souvent indifféremment des notions comme thème/thématique dans le langage courant. Mais dans les sciences humaines et sociales, on tend à faire la différence.

La notion de ***thème*** dans le cadre de la recherche en histoire permet de parler tout simplement de l'***unité de contenus, de sujets possibles*** (voir sujet) qui permettent de passer du général au particulier, c'est-à-dire ***l'élément déterminant à partir duquel on va proposer la réflexion, l'étude, l'analyse.***

On utilise la notion de ***thématique*** pour parler de l'ensemble des thèmes.

En tant qu'adjectif, comme dans « *approche thématique* » (qui garde toujours l'idée d'ensemble), il renvoie à ce qui est propre, relatif à un thème.

---

[1] Vous aurez certainement la chance d'y revenir en Master.

Nous pouvons défendre ainsi l'idée que la « ***Thématique*** », c'est ce qui est propre, ce qui est relatif à un thème, c'est l'ensemble des thèmes abordés (comme ci-dessous pour les exposés) qui va constituer la ***thématique*** des exposés.

[Exemple de thèmes d'exposés :]

- *Humanisme — Renaissance – Réforme*
- *L'empire Songhaï des origines à la conquête marocaine*
- *Les réponses africaines à la domination coloniale (résistances, accommodation et adaptation)*
- *Les systèmes coloniaux en Afrique*

Ainsi donc, retenez quand vous préparez vos exposés que le ***thème*** à défaut d'être défini permet d'élaborer un ensemble de ***sujets à problématiser***.

3.4 Sujet

Nous disions précédemment à propos du thème, qu'il renvoie à l'***unité de contenus, de sujets possibles*** qui permettent de passer du général au particulier, c'est-à-dire ***l'élément déterminant à partir duquel on va proposer la réflexion, l'étude, l'analyse***. Le sujet constitue donc la matière du thème — ce qui fait qu'on entend souvent parler de thème en lieu et place de sujet, mais pas le contraire — c'est-à-dire ce qui est proposé comme nous le disions précédemment à la réflexion, à l'étude, à la critique de manière plus précise que le thème qui est plus général.

3.5 Problématique (problématiser, questions / problèmes)

Pour l'historien, la problématique suppose un ***ensemble de problèmes — entendre par là, ensemble de questions*** — que l'on pose par rapport au sujet. Chaque sujet se présente sous forme d'un contenu caché, et vous devez pouvoir le ***problématiser c'est-à-dire poser des questions*** que vous devez résoudre, qui aident à le résoudre.

À noter

Pour hiérarchiser les différentes notions — Thème, Sujet, Problématique — on retiendra et c'est surtout valable durant les exposés en L (voir plus loin) qu'il faut ***faire ressortir des sujets dans les différents thèmes qui sont proposés*** et non se contenter de les traiter comme s'ils ne soulevaient pas des questions plus spécifiques, et pour chaque ***sujet dégager une problématique.***

Soit le thème, « ***Les systèmes coloniaux en Afrique*** », nous pouvons élaborer toute une thématique et dans laquelle nous allons faire ressortir plusieurs sujets (certains de ces sujets pouvant même être des thèmes tant il y a la possibilité d'ouvrir d'autres sujets plus spécifiques).

Thème : « Les systèmes coloniaux en Afrique ».

Exemple de sujets :

- *La politique française d'assimilation ;*
- *L'exploitation minière au Congo belge ;*
- *La colonisation britannique en Afrique de l'Ouest ;*
- *L'indigénat dans les colonies portugaises*

Ces sujets peuvent ouvrir sur d'autres sujets plus spécifiques. *Exemple :*

- ***a.*** *L'indigénat dans les colonies portugaises ;*
- ***a ».*** *– L'indigénat dans la Colonie portugaise de l'Angola*

- ***b.*** *La colonisation britannique en Afrique de l'Ouest ;*
- ***b ».*** *– La constitution coloniale de la Gambie de 1954*

- ***c.*** *La politique française d'assimilation ;*
- ***c'.*** *– Les Quatre Communes du Sénégal (1872 -1887)*

- ***d.*** *L'exploitation minière au Congo belge ;*
- ***d'.*** *– Les ressources minières du Congo sous la colonisation belge*

4. Les différentes parties d'un travail en histoire

Il faut retenir qu'en histoire l'activité intellectuelle tourne autour d'une problématique donnée. C'est le cas aussi bien dans la dissertation, l'exposé, le commentaire...et c'est autour d'elle qu'on élabore un plan. Qui dit plan, dit différentes parties de la réflexion qui commence par une introduction suivie d'un développement et d'une conclusion.

4.1 L'introduction

L'introduction permet d'abord de présenter le sujet, le thème — approche générale — ensuite, d'y faire ressortir une problématique, de poser les différents problèmes et les hypothèses avancées ; et enfin d'annoncer le plan. Retenez bien que, qui dit problème dit solution, réponse ; l'hypothèse est cette réponse hypothétique autour de laquelle va porter votre argument dans le développement.

La structuration de l'introduction diffère selon le type d'activité intellectuelle proposée en histoire (exposé, dissertation, commentaire), mais généralement, elle comporte une problématique et un plan.

Le plan expose la problématique ou l'analyse (selon l'activité concernée) en différentes parties ordonnées, cohérentes. Les parties désignent le sujet ou le thème, les font connaître de manière précise, une représentation en quelques signes (mots) des idées principales et secondaires qui permettent de traiter le sujet proposé et faire ressortir son intérêt scientifique. Un plan peut comporter deux parties ou trois (limite que nous conseillons en L) que l'on doit développer ensuite.

4.2 Le développement

Le développement est la partie réservée à la rédaction des différentes parties du plan. Il s'agit donc de traiter les questions soulevées, la problématique posée en profondeur en respectant la cohérence du plan. Votre argumentation doit être cohérente aussi bien dans la rédaction comme par rapport aux titres des parties de votre plan.

4.3 La conclusion

Sans perdre de vue la méthodologie propre à chaque exercice, il faut retenir qu'une conclusion est indispensable aux différentes activités que sont l'exposé oral, le commentaire et la dissertation. Globalement, limitez-vous à proposer une réponse à la problématique présentée dans l'introduction.

5. Les méthodes historiques

Précisons qu'en cycle L au Département d'histoire de la FLSH, le programme comprend :

- *les cours magistraux (CM) ;*
- *et les travaux dirigés (TD) de type commentaire et exposés ;*
- *quant à la dissertation bien que faisant partie des types d'activités d'évaluation proposées aux étudiants, elle ne fait pas l'objet de TD (l'**Exposé** n'est que la restitution orale d'un travail de **Dissertation** !)*

Ainsi, la richesse intellectuelle de l'équipe pédagogique autour de l'exigence de l'excellence et de la compétitivité aux plans régional et international amène les enseignants chercheurs à proposer de plus en plus d'autres activités intellectuelles et scientifiques telles que l'enquête de terrain, l'érudition, l'analyse statistique, l'analyse iconographique, l'analyse d'objet, qui sont par ailleurs étroitement liées à la documentation des cours magistraux (CM).

Sans perdre de vue ces nouvelles perspectives d'enseignements, il s'agit dans les volets qui vont suivre de surtout établir une relation de complémentarité entre les cours, le cours magistral (CM) ne pouvant être pour le commentaire qu'un cadre d'initiation à la documentation historique.

5.1 Cours Magistral (CM) et Travaux dirigés (TD)

En L, l'initiation du chercheur débutant à la production des connaissances se fait à travers le Cours Magistral (CM) et les Travaux dirigés (TD). Il arrive ainsi que l'enseignant-chercheur procède par une sorte de « TDisation » du CM, c'est-à-dire, transformer le CM en moyen d'acquisition des méthodes du travail intellectuel et scientifique de l'historien sous forme de (TD) et cela, dans un souci de recherche d'une grande satisfaction au niveau des résultats.

Malgré les grands effectifs des cohortes, le défi est d'éviter que les étudiants considèrent le CM comme la seule documentation qu'il faut apprendre par cœur pour la restituer le jour de l'examen. Or, ils doivent explorer le syllabus et la bibliographie suggérée comme lectures ; ce qui va leur permettre dans une démarche rétrospective :

- *d'aller à la recherche des documents qui ont servi à préparer le cours ;*
- *de s'approprier les différentes lectures suggérées pour mieux s'armer à la prise de notes ;*
- *de se préparer à traiter un des thèmes d'exposés qui restent liés à la thématique du CM ;*
- *et surtout de se constituer une documentation qui peut être convoquée lors du commentaire…*

La TD-isation du CM revient ainsi à démontrer aux étudiants comment se fait le travail intellectuel et scientifique à travers ici le CM qui demande de l'étudiant un certain niveau d'engagement :

- *s'approprier le contenu des cours (relectures de ses notes) ;*

- *donner un sens à sa présence en amphithéâtre (bibliographie de cours suggérée du CM) ;*
- *érudition*[2] *(avoir un corpus de textes en plus des lectures suggérées) ;*
- *faire des enquêtes de terrain pour traiter la problématique du CM…*

Le chercheur doit comprendre que dans les sciences humaines et sociales, la multiplication des sources, la recherche de la documentation pertinente relative à un sujet donné fait partie des méthodes de la critique. Il faut donc très tôt s'y habituer et c'est la raison d'existence d'une bibliographie dans le syllabus.

À noter

La TD-isation du CM va consister à préparer l'étudiant à la recherche des documents, à se bâtir une culture générale par la lecture, à avoir un esprit critique, à être prêt pour les TD comme l'exposé et le commentaire…

Rapport entre le CM et les TD de commentaire

Pour préparer son CM, l'enseignant a dû travailler avec plusieurs documents qu'il vous partage en plus sous forme de bibliographie. C'est l'exploitation de ces documents, la compréhension et le commentaire qu'il en fait, qui lui a permis de traiter le sujet et la problématique qu'il partage lors du cours.

Dans les TD comme celui du commentaire par exemple, il s'agit de vous initier à cette pratique d'exploitation d'un document de manière à produire un argumentaire historique. Voilà pourquoi, nous avons

---

[2] L'érudition est (mise en pratique de) la méthode consistant à rassembler différentes sources pour essayer d'être le plus exhaustif que possible dans le traitement d'une question de recherche.

parlé plus haut de TDisation du CM, vous inviter à écrire ensemble une leçon en histoire — un texte donc historique — sur la base de plusieurs documents donnés sous forme de bibliographie, les lectures proposées dans le syllabus.

Durant les TD, il s'agira de faire la même chose avec un seul document : quelle est la problématique développée lors du CM par exemple, que le document soumis pour les TD aide à résoudre ?

C'est en cela d'ailleurs que l'on parle de TD, initier l'étudiant à partir d'une source, d'un document à élaborer une interprétation historique pour résoudre une problématique donnée.

5.2 Les Travaux Dirigés

Les TD sont des cours obligatoires durant lesquels l'assiduité est requise, et qui allient une phase théorique et une phase pratique. L'enseignant vous apprend d'abord les méthodes pour préparer un commentaire ou un exposé. Après la phase théorique, il vous demande d'aller vers la pratique en application des méthodes ainsi apprises tout au long d'un travail continu où il s'assure de voir votre progression. Pour le commentaire comme pour les exposés, vous serez appelés à travailler individuellement ou en équipe.

5.2.1 Le commentaire de document

Nous avons donné plus haut la définition de ***document***, ajoutons que c'est lui qui permet d'écrire l'histoire. Ainsi, le ***commentaire de document*** permet, quel que soit le type de support (texte, plan, carte, objet, image...), de passer du matériel, de la source à l'interprétation historique. Pour cet exercice omniprésent en Licence — parce qu'en *Master* vous devriez déjà être à la recherche de sources pour la démonstration de vos hypothèses de recherche —, il s'agit de partir d'un document, d'une source historique et d'analyser, d'interpréter son contenu.

Tout document est porteur d'idées que vous devez interpréter de manière argumentée. Les seules qualités demandées sont celles de savoir analyser, expliquer, exposer des connaissances en relation avec le document et faire preuve d'un solide esprit critique.

Question de méthode ?

Pour insister, rappelons que le commentaire de document, comme la dissertation et l'exposé, comporte trois (3) parties : une introduction, un développement, une conclusion. Mais ces trois parties ne sont pas traitées de la même manière. En commentaire par exemple, il s'agit d'abord de lire, repérer, distinguer l'information, l'organiser autour d'une logique interne au texte et autour d'idées principales avant de penser à faire une introduction.

Titraille

Certains documents n'ont pas de titre, or les titres sont souvent des indications non négligeables car ils indiquent le sujet en évoquant plus ou moins son contenu. Ainsi, le choix d'un titre pour un document qui n'en a pas ou pour plus particulièrement, les différentes parties du plan de votre commentaire permet de structurer vos idées.

Lecture et repérage

Vous devez :

- *« scruter » votre document jusqu'à être certain de l'avoir compris et bien compris — c'est-à-dire, comme il s'agit souvent d'un texte, il faut le lire et le relire, souligner les mots et expressions qui vous semblent importants ;*

- *si les lignes de votre texte ne sont pas numérotées, vous pouvez le faire de manière à vous aider à repérer les éléments soulignés par exemple ;*
- *votre document est compris si vous êtes en mesure de l'insérer dans un thème historique donné (rappelez-vous, c'est avec le document qu'on fait l'interprétation historique), c'est-à-dire qu'il soulève une question historique donnée : la problématique ;*
- *la problématique ainsi définie doit conduire à un plan, c'est-à-dire à une division en parties renseignées par les éléments du texte ;*
- *la question historique doit pouvoir être située dans le temps et dans l'espace afin de vérifier si les idées-forces que votre lecture vous suggère ne sont pas en porte à faux avec la période.*

Des mots pour introduire !

Voici quelques débuts de phrases de présentation que vous pourriez utiliser dans votre introduction :

- *La carte qu'il nous appartient de commenter… ;*
- *Le « traité de Ngio », 8 mai 1819, inaugurait la colonie à emprise territoriale… ;*
- *Cette tablette coranique en bois de caïlcédrat… ;*
- *Le texte proposé est une partie d'un rapport… ;*
- *Le texte proposé est le programme de campagne de… ;*
- *Ces lignes sont tirées de la première constitution haïtienne… ;*

5.2.1.1 L'introduction

Comme on va le voir, l'introduction dans un commentaire de document consiste à établir une sorte d'identité du document, son origine, sa nature, l'auteur, la date, le contexte, le sens général du document, une analyse qui aboutit à forcément dégager une problématique avec les idées majeures et les questions qu'elle suscite et un plan qui va guider le développement ou commentaire proprement dit.

En résumé, il s'agit dans l'introduction de faire une présentation du document et de l'auteur, de donner le contexte, de proposer une analyse suivie d'un plan.

Exemple de texte à commenter :

« Cependant Ahmadou ne lui [Lamane Diaw] fut complètement substitué que trois jours après le retour de Ntanye Diaw. Alors en effet, arriva une ambassade plus importante, envoyée par le roi du Sîne...

Les envoyés étaient chargés d'annoncer à Ahmadou la soumission à son autorité suprême du Manseya Ouali Dyone et de lui remettre en hommage 300 paires de pagnes, un beau cheval, un jeune garçon et une jeune fille pour son service particulier. Depuis, et jusqu'à la dislocation de l'Empire Dyolof, le tribut payé au Bour-Ba par le roi du Sîne fut égal au cadeau fait par Manseya Ouali Dione. » Y. Diao, 1912, p. 132.

« Dyolof Mbing, mandingue, premier habitant sédentaire et fondateur du premier village du Dyolof, devenu pour cette raison Laman de ce pays, nommé d'après lui, suivit les conseils de Manseysa Ouali Dyone, et apporta lui-même à Ndyadyane Ndyâye un cadeau de soumission égal à celui du roi du Sîne. En résumé, le nouveau roi reçut les soumissions accompagnées d'un tribut égal, des chefs des différents pays qui formèrent l'Empire Djolof et qui sont : le Ouâlo, le Djolof, le Cayor, le Baol, le Sine, le Saloum, la province du Fouta, limitrophe du Ouâlo, et appelée aujourd'hui Dimar et les provinces du Bambouk voisines du grand désert de Ferlo, qui sépare ce pays du Dyolof. » Y. Diao, 1912, p. 133.

Source : Dyao Yoro, « Légendes et coutumes sénégalaises, publiées et annotées par Henri Gaden », *Revue d'Ethnographie et de sociologie*, Paris 1912, 3-4

Relisez votre texte de manière à pouvoir répondre en premier lieu à ces questions :

- *Qui est l'auteur du document ?*
- *Quand a-t-il été produit ?*
- *Comment est-il parvenu à nous ?*
- *L'auteur est-il un témoin ?*

Ces différentes questions une fois répondues vont contribuer à la rédaction de votre introduction qui commence par une présentation du document.

Attention, ne perdez pas de vue votre CM, quel est le thème que traite le cours ?

5.2.1.1.1 Présentation du document (nature, auteur, source)

Il n'y a aucune obligation à ce que ces différents éléments [Nature – Origine – Auteur – Date] apparaissent selon l'ordre donné ; faites une présentation cohérente et lisible.

Exemple de présentation :

Yoro Dyao fut un chroniqueur sénégalais issu de l'aristocratie du Waalo qui a recueilli les traditions orales locales. Il fut élève à l'École des otages, fondée par Faidherbe en 1855 pour accueillir les fils des « chefs » et pour leur dispenser un enseignement destiné à en faire des auxiliaires de la colonisation. Devenu chef de cercle de 1860 à 1914, il était l'auteur de l'« Histoire des Damels du Cayor », et à la fin de sa carrière les notes de ses « Cahiers » pouvaient servir de sources, qui donnèrent lieu à plusieurs publications par Henry Gaden secrétaire général du gouvernement de la colonie, avec Raymond Roussau, professeur au lycée de Saint-Louis. Les originaux ont dispa-

ru des Archives du Sénégal ; les « Légendes et coutumes sénégalaises, publiées et annotées par Henri Gaden », dans le numéro double 3-4 de la Revue d'Ethnographie et de sociologie à Paris en 1912, et dont les extraits proposés sont une partie montrent ainsi une certaine prise de liberté du publicateur[3].

On peut voir ici une certaine maîtrise de l'exercice demandé. Nous conseillons les étudiants à s'en inspirer pour voir comment est présenté l'auteur, quelle est l'origine du texte et en quelle année il a été publié.

On peut néanmoins avoir quelque chose de plus simple :

Ces deux paragraphes sont tirés des « Légendes et coutumes sénégalaises, publiées et annotées par Henri Gaden », en 1912 à Paris dans les numéros 3-4 de la Revue d'Ethnographie et de sociologie, aux pages 132-133. L'étude de Gaden, alors secrétaire général du gouvernement de la colonie, est issue des notes de cahiers de Yoro Dyao. Yoro Dyao était un chroniqueur qui a recueilli les traditions orales du Waalo pour produire une histoire du Sénégal. Il avait été pensionnaire de l'École des otages, fondée par Faidherbe en 1855 pour accueillir les fils des « chefs » et leur dispenser un enseignement destiné à en faire des auxiliaires de la colonisation.

À noter surtout que si vous ne connaissez pas l'auteur du texte contentez-vous de la référence au bas du document pour faire la présentation. Le but du jeu pour le niveau L, c'est de pouvoir préciser ce qui est nécessaire à l'identification d'un document.

[3] « Quelques-uns sont restés inédits. Les originaux les plus importants ont disparu des archives, le texte annoté montre ainsi une certaine prise de liberté ». (Cf. Boulègue 1988)

Exercez-vous à voir :

- *si les rappels chronologiques sont nécessaires pour expliquer la production du document ;*
- *si les rappels biographiques sont nécessaires ;*
- *quel intérêt de présenter Gaden et Yoro Dyao ?*
- *qui est l'auteur de ce texte finalement ?*

Vous avez peut-être une réponse par rapport à l'auteur, la date de publication et l'origine du texte. Mais vous vous demandez : c'est quoi la nature du texte ?

Dans les coupes suivantes :

- *[...] deux paragraphes [...]*
- *[...] extraits proposés [...]*

Nous avons des indications sur la nature du document : [*paragraphes, extraits*] renvoient aux caractères, aux propriétés du document qui est extrait de deux paragraphes.

Mais cela ne suffit, on peut toujours être plus explicite dans la suite de la phrase de présentation en soulignant la particularité du document, certains détails.

À supposer par exemple que votre source est un document qui :

- devrait être lu, vous pourrez écrire :
Ces deux paragraphes sont tirés de la :
Une/article/éditorial *[...]*
- devrait être prononcé, vous rédigerez :
[...] dont les extraits proposés sont une partie du :
Discours/de la chanson *[...]*
- provient d'un livre, vous parlerez de :
essai, monographie... ;
- provient-il de l'administration, il s'agirait de :
traité, rapport, arrêté... ;

La liste donc peut être plus longue et vous gagnerez à distinguer par exemple :

- les images :

entre la caricature, le croquis, la bande dessinée, l'affiche publicitaire — la propagande... ;

- les documents illustrés avec des chiffres :

entre tableau de statistiques et tableau de données, entre courbe et histogramme...

5.2.1.1.2 Contexte historique

Le contexte historique est un volet particulièrement délicat dans l'exercice du commentaire.

La présentation du contexte renvoie aux circonstances qui ont donné naissance au document. Il s'agit de replacer le document dans son environnement, de le situer par rapport à sa date de production. Ne surtout pas confondre la chronologie des événements dans le texte et les circonstances, la situation, le contexte historique dans lequel le texte a été produit. Ce n'est pas toujours le cas.

Dans certains cas, situer un document dans son contexte historique revient, une fois que vous avez pris connaissance du texte et de manière attentive (nous insistons), à rassembler les éléments qui fournissent des indications (circonstances, événements, références à des personnages, ton adopté par l'auteur, style) dans le document sans les détacher des faits historiques ***en rapport avec la date de production ou de parution*** dudit document

Mais, il arrive que la date du document ne soit pas liée à celle des événements historiques qui sont évoqués dans ledit document et qui ont leur propre chronologie historique.

Dans les cas de figure où la date du document est ultérieure à l'événement (*comme c'est souvent avec des analyses scientifiques*), nous vous conseillons de prendre comme contexte la nouvelle perspective qui renseigne cet écart.

Par exemple, une étude produite et publiée en 2006 et qui a pour titre, « ***Le terme Noir à Haïti en 1804*** » n'a bien évidemment pas pour contexte historique ***Haïti en 1804***, c'est-à-dire l'indépendance d'Haïti ; mais va vous amener à étudier la problématique de la « Race » dans l'histoire d'Haïti indépendante. Mais alors, dans quelle circonstance a-t-on un document des années 2000 qui parle du « terme Noir à Haïti en 1804 », c'est-à-dire qui offre une interprétation historique d'Haïti au 19e siècle ?

Le contexte dans lequel il est produit — si l'on se réfère à l'année 2006 — renvoie à la commémoration du bicentenaire de la révolution haïtienne ; le document est le résultat d'une communication dans le cadre d'un colloque sur les 200 ans de la révolution haïtienne.

Autres indications (texte plus haut) :

Source : Dyao Yoro, « Légendes et coutumes sénégalaises, publiées et annotées par Henri Gaden », *Revue d'Ethnographie et de sociologie*, Paris 1912,3-4

Ce document date de 1912. Mais les événements dont il est question dans le fond du document sont liés à des institutions très anciennes, « l'empire Dyolof » (entre 14e -16e siècles) qui existait bien avant la colonisation.

Ainsi, ce qui devrait nous intéresser dans le contexte historique, les circonstances de production du document, c'est la date précise de production dudit document[1912] qui pourrait nous le situer.

Si nous convoquons le passé (*la période plus ancienne — 14ᵉ – 16ᵉ siècles dont il est question dans le texte*) ce sera pour comprendre les raisons de son usage dans le présent contexte. Autrement, si ce passé a quelque importance que ce soit, ce sera au niveau du développement, dans l'argumentation historique qu'il faut le démontrer.

Dans le cas présent, ce ne sont pas des éléments sur le contexte de 20ᵉ siècle qui manquent. Nous savons grâce au titre même du texte *[« **Légendes et coutumes sénégalaises, publiées et annotées par Henri Gaden** »]*, qu'il a été annoté et publié par une tierce personne que son auteur initial. Question possible pour établir le contexte :

Pour quelles raisons Yoro Dyao s'intéressait-il à écrire en français sur les sociétés sénégalaises ? – Est-il encouragé en cela par les pouvoirs coloniaux en l'occurrence ici Henri Gaden à une période où l'on s'intéressait à l'histoire des institutions locales ?

En 1912, le Sénégal de Yoro Dyao faisait déjà partie de l'Empire colonial français et pour celui qui a quitté l'École des otages en 1865, la question de l'apport de l'histoire française, la manière dont elle était écrite à l'époque pourrait être une source d'inspiration voire de référence.

Contextualisation :

En 1912, Henri Gaden contrairement à Yoro Dyao — bien qu'auteur d'une « Histoire des Damels du Cayor » en 1864 — est déjà derrière la rédaction de plusieurs textes sur l'histoire des populations sénégalaises et leurs langues. La publication et l'annotation des cahiers de Yoro Dyao démontrent l'intérêt que le colonisateur avait pour l'histoire ancienne du Sénégal qui n'était jusque-là qu'orale.

C'est dans ce sens que Yoro Dyao a recueilli, traduit et noté les légendes et coutumes, ainsi que sur les institutions locales.

À noter

Quelle que soit la difficulté à situer un document par rapport à un contexte historique [texte récent qui évoque une période révolue], ***il peut être défini dans l'espace temporel, idéologique, où l'auteur se situe.*** Il est indispensable d'indiquer, plus rapidement, les circonstances générales au milieu desquelles l'auteur lui-même a écrit et qui ont pu l'influencer ».

Extrait :

Administration coloniale et communalisation au Sénégal

Nous soussignés, Sénégalais et habitants de Rufisque, avons l'honneur d'appeler votre bienveillante attention sur la situation particulière où nous nous trouvons. Jusqu'à présent, notre ville semble avoir été laissée, à dessein, entièrement dans l'oubli, alors qu'elle est le véritable centre d'affaires important du deuxième arrondissement. Il nous appartient donc de nous faire connaître et d'exposer nos griefs nombreux contre l'administration coloniale, ce que nous allons essayer de faire aussi sommairement que possible...

Est-il juste, Monsieur le Ministre [Louis-Pierre Pothuau], non seulement que l'on nous écrase par des impôts exagérés mais encore que l'on emploie les ressources que nous fournissons au Budget de la Colonie à l'amélioration exclusive des autres villes (...) L'administration n'a jamais rien fait pour nous. Permettez-nous, Monsieur le Ministre, de vous en fournir la preuve par la simple énumération de ce que nous possédons et de ce qui nous manque.

Rufisque ne possède encore aucun établissement d'instruction, même élémentaire. Jusqu'au mois d'avril dernier, le service de la Police a été fait par trois alcatis ou agents de police noirs, habillés à nos frais. Malgré nos demandes réitérées et cela depuis cinq ans, malgré nos prières, nous n'avons pu obtenir qu'il nous fût envoyé un médecin par l'administration coloniale (...) Rufisque est entouré d'un marigot qui, pendant la saison des pluies, devient un foyer d'infection et rend le séjour de la ville impossible. Pour changer cet état de choses, il suf-

firait de canaliser ou de combler, ce qui se ferait sans beaucoup de frais ; on ne le veut pas. On a construit à Dakar un grand réservoir d'eau douce, mais à Rufisque, nous devons envoyer chercher à deux kilomètres l'eau potable nécessaire à notre consommation. Rufisque n'étant pas érigé en commune, il n'y a d'état civil que pour ceux qui veulent bien inscrire leurs enfants sur un registre tenu au poste à cet effet (...)

On serait vraiment tenté d'ajouter foi aux bruits persistants qui ont couru dans le public, bruits d'après lesquels, Monsieur le Gouverneur [Brière de l'Isle] aurait manifesté l'intention d'anéantir Rufisque, car on semble prendre à tâche de nous ruiner et de nous dégoûter du pays (...) Nous espérons donc que dans un avenir certain la visite seule du percepteur ne viendra pas nous rappeler que nous sommes français (...)

Les commerçants et négociants de Rufisque, 9 juin 1878

ANOM (Archives nationales d'outre-mer), Série Géographique, Sénégal et Dépendances VII, dossier 52a.

Quelques éléments d'appréciations :

Date du document ?

Le document est signé : Les commerçants et négociants de Rufisque, 9 juin 1878

Le titre du texte « Administration coloniale et communalisation au Sénégal » semble refléter le contenu du document ; on peut ainsi noter que :

- *l'administration coloniale fait référence au gouverneur ;*
- *la communalisation, c'est-à-dire la naissance des communes au Sénégal qui conduit à une autonomie du pouvoir local et des citoyens vis-à-vis du lieutenant-gouverneur ;*
- *Rufisque n'avait pas cette autonomie*

- **Contextualisation :**

(Voici un exemple un peu long que vous pourriez réduire en vous exerçant)

Le déclin du commerce de la gomme, la suppression de la traite des esclaves et le développement de la culture de l'arachide ou « pistache de terre » dans les provinces du Cayor et du Baol, dès les années 1860, entraînent l'émergence de Rufisque (nom d'origine portugaise, Rio Fresco ; Tang Guedj, « ceux qui jouxtent la mer », étant le nom local), comme escale commerciale et embryon de centre urbain, et Dakar comme point d'appui pour la pacification et futur port.

L'essor du commerce sera précisément à l'origine de conflits avec l'administration coloniale ; les commerçants habitant Rufisque revendiquaient une certaine autonomie par rapport à Dakar que le gouverneur précédent, Pinet-Laprade, fondateur de la ville en 1857 voulait déjà suppléer du point de vue commercial. Conscients de son importance dans la structure commerciale coloniale et du poids politique et financier de ses représentants, les négociants et commerçants Rufisquois s'adressent directement au ministre de la Marine et des Colonies pour transformer leur ville en commune et ainsi bénéficient de l'avantage des services municipaux dont ils sont privés.

Astuce

Dans l'introduction du commentaire, la source (voire le titre) sert à faire la présentation du document, de l'auteur et à situer le contexte historique. Si vous vous limitez à cette astuce, cela vous évitera certaines confusions.

Pour faire votre analyse, vous devez impérativement lire le contenu, comprendre le fond de votre texte.

Exercez-vous : Quelle date prendre en considération pour le contexte historique du document ci-après ?

En 1859, Gorée et Dakar (acquises en 1857) ainsi que les postes situés au nord de la Sierra Leone sont rattachés au Sénégal (donc les postes de Casamance) [...]

À partir de 1880 et pour vingt ou trente ans qui vont suivre, la France décide réellement de conquérir, « pacifier » et administrer l'Afrique de l'Ouest. Au fur et à mesure de ces conquêtes, différents textes sont pris pour affiner l'administration des espaces ainsi acquis par action diplomatique, par action militaire ou par action administrative [...]

Ce que l'on peut retenir c'est qu'à la veille de l'indépendance du Sénégal, le pays comprenait 12 cercles, 24 subdivisions et une délégation (Dakar). Le cercle de Ziguinchor (Casamance) comprenait 6 subdivisions : Oussouye, Ziguinchor, Bignona, Sédhiou, Kolda et Vélingara [...]

Source : « Collectif des Cadres Casamançais. *Note relative à l'intervention du Porte-parole du MFDC sur les limites territoriales de la Casamance du temps des Colonies.* Dakar, le 10 décembre, 2000 » publiée par Assane Seck dans, *Sénégal. Émergence d'une démocratie moderne : 1945-2005. Un itinéraire politique.* Paris : Karthala, 2005[4].

5.2.1.1.3 Analyse

Selon les enseignants, on vous dira de faire un résumé ou une analyse du texte sur lequel vous travaillez[5]. Que l'enseignement utilise la notion de résumé ou d'analyse, retenez qu'on veut seulement vous amener à dégager les enjeux essentiels du document, et à identifier le fil directeur.

L'analyse est une vue d'ensemble du document ; trop longue, vous risquez de tomber dans la paraphrase du texte. Cette partie

[4] Éléments de réponse : (10 décembre 2000, alternance mars 2000, nouveau pouvoir face à la crise casamançaise…)

[5] Il ne s'agit pas pour nous ici de privilégier l'une ou l'autre appellation. Les étudiants découvriront selon qu'ils exploitent un document de civilisation (de la période médiévale par exemple) ou d'histoire contemporaine utiliseront le résumé ou l'analyse de document.

(analyse – résumé) est suivie de l'annonce du plan de votre commentaire.

Exemple

Les commerçants et négociants de Rufisque adressent une requête au ministre de la Marine et des colonies pour l'érection de leur ville en commune de plein exercice. Cette revendication est accompagnée d'une propagande contre une autorité coloniale en l'occurrence « le Gouverneur [Brière de l'Isle] » avec des méthodes politiques allant même jusqu'à user de rumeurs (« bruits persistants ») comme forme d'accusation contre le gouverneur qui aurait des intentions « d'anéantir Rufisque ».

5.2.1.1.4 Plan du commentaire

Vous avez compris votre texte, vous avez dégagé la logique interne du document ou pour être moins catégorique, vous avez une problématique qui doit être en cohérence avec les informations mises à votre disposition dans le document : il s'agit désormais de les organiser en différentes parties auxquelles vous donnerez un titre.

Vous verrez qu'on vous conseillera d'avoir un maximum de 3 parties et pas moins de 2 parties, selon la tradition de l'exercice. Mais peu importe le nombre de parties qui vont ressortir de votre plan, il faut juste avoir le souci d'être cohérent par rapport à la problématique que vous avez mise en évidence.

5.2.1.2 Le développement (ou le commentaire proprement dit)

Le commentaire proprement dit s'organise autour de la logique interne du document (que vous auriez déjà repérée lors du travail préliminaire).

Ne pas oublier pour autant que la problématique d'un texte ne se manifeste pas seulement par l'enchainement des idées et par son organisation logique. Elle se manifeste tout autant par des procédés rhétoriques, discursifs, un narratif qui visent à emporter l'adhésion du lecteur ou, au contraire, à lui donner les moyens de se faire une opinion par lui-même à partir d'informations mises à sa disposition.

Type de texte

De manière schématique, le style narratif dans un document révèle deux types de textes qui amènent à deux types de commentaires proprement dits : linéaire d'une part et circulaire ou composé, d'autre part.

Texte linéaire

Par « linéaire », il faut comprendre un texte cohérent avec éventuellement des intertitres, et où le cheminement de la pensée a un point de départ et un point d'arrivée clairement établis. Dans ce cas de figure, le commentaire proprement dit pourra être organisé autour des différentes idées principales développées dans chaque partie.

N'hésitez pas à :

- *Rechercher les mots-clés ;*
- *Donner un titre à chaque partie sur la base des idées-clés ;*
- *Expliquer les idées sans répéter l'auteur ;*
- *Répondre avec des arguments aux questions pourquoi l'auteur parle ou fait allusion à un tel fait ?*

Commentaire composé

À l'inverse des textes de type « linéaire », certains textes analysent le même problème en développant des arguments qui convergent. C'est dans ce cas qu'on parle de texte « circulaire ».

Quand vous lisez un texte « circulaire », vous allez vous appuyer sur-le-champ lexical, parce que les éléments d'une même idée peuvent être développés dans plusieurs paragraphes. Il va falloir les regrouper s'ils relèvent d'une même préoccupation ou d'un même questionnement pour en faire une « synthèse » à expliquer et à critiquer et éviter certaines répétitions dans le commentaire.

5.2.1.3 La conclusion

Autant l'historien est à la recherche de documents inédits pour produire une étude qui enrichit les connaissances, autant le commentaire d'un document devrait permettre de donner une idée sur l'intérêt et l'originalité du document. En plus de ces deux critères que l'on peut attendre dans la conclusion, après que l'introduction a offert la nature et le contexte dudit document, il s'agit désormais, après le commentaire proprement dit, d'évaluer son apport thématique dans la période considérée.

Pour le niveau L qui nous intéresse ici, nous aimerions dire : apprenez à être critique ! Et pour en revenir à nos exemples, nous allons proposer de commenter deux types de documents : le document écrit et le document oral.

Exemples

Pour s'adapter aux réalités actuelles et pour mieux aider nos étudiants, nous avons fait le choix de poser des questions au document et d'essayer d'y répondre, le but est de faire participer les étudiants. C'est une méthode didactique qui va engager une discussion entre l'enseignant et l'étudiant et qui correspond à notre approche de *TD-isation du CM.*

À noter

Dans leur préparation, les étudiants peuvent ***numéroter*** le texte de manière à pouvoir indiquer dans le ***commentaire proprement dit*** les lignes où se trouvent les mots ou extraits de phrases qu'ils citent.

L'humanisme « occidental » dans l'acte d'émancipation des esclaves

(Texte divisé en trois parties avec titres)

Proclamation au nom de la République

Nous LÉGER-FÉLICITÉ SONTHONAX, Commissaire Civil de la République, délégué aux Îles Françaises de l'Amérique sous le vent, pour y rétablir l'ordre et la tranquillité publique.

LES HOMMES NAISSENT ET DEMEURENT LIBRES ET ÉGAUX EN DROIT

Voilà, citoyens, l'évangile de la France ; il est plus que temps qu'il soit proclamé dans tous les départements de la République.

[…] *La République française veut la liberté et l'égalité entre tous les hommes, sans distinction de couleur ; les rois ne se plaisent qu'au milieu des esclaves : ce sont eux qui, sur les côtes d'Afrique, vous ont vendus aux blancs ; ce sont les tyrans d'Europe qui voudraient perpétuer cet infâme trafic. La RÉPUBLIQUE vous adopte au nombre de ses enfants ; les rois n'aspirent qu'à vous couvrir de chaînes ou à vous anéantir.*

[...] *Dans ces circonstances, le commissaire civil délibérant sur la pétition individuelle, signée en assemblée de commune. Exerçant les pouvoirs qui lui ont été délégués par l'art. III du décret rendu par la convention nationale le 5 mars dernier ; A ordonné et ordonne ce qui suit pour être exécuté dans la province du Nord.*

Article premier : La Déclaration des droits de l'homme et du citoyen sera imprimée, publiée et affichée partout où besoin sera, à la diligence des municipalités, dans les villes et bourgs, et des commandants militaires dans les camps et postes.

Les transformations dans la mise en œuvre de l'acte d'émancipation

Article II : Tous les nègres et sang mêlés, actuellement dans l'esclavage, sont déclarés libres pour jouir de tous les droits attachés à la qualité de citoyens français ; ils seront cependant assujettis à un régime dont les dispositions sont contenues dans les articles suivants.

Article III : Tous les ci-devant esclaves iront se faire inscrire, eux, leurs femmes et leurs enfants à la municipalité du lieu de leur domicile, où ils recevront leur billet de citoyens français signé du commissaire civil.

[...] *Article XXVII : La correction du fouet est absolument supprimée ; elle sera remplacée, pour les fautes contre la discipline, par la barre pour un, deux ou trois jours, suivant l'exigence des cas. La plus forte peine sera la perte d'une partie ou de la totalité des salaires ; elle sera prononcée par le juge de paix et ses assesseurs ; la portion de celui ou de ceux qui en seront privés accroîtra au profit de l'atelier.*

Article XXVIII : À l'égard des délits civils, les ci-devant esclaves seront jugés comme les autres citoyens français.

[...] ***L'abrogation du Code Noir***

[…] *Article XXXVIII : Les dispositions du Code Noir demeurent provisoirement abrogées*

[...] Requérons le Gouverneur Général par intérim de tenir la main à l'exécution.

Date et source

Au Cap, le 29 août 1793, l'an deux de la République française, LF-SONTHONAX. Par le Commissaire civil de la République, GAULT, Secrétaire adjoint de la Commission Civile.

CAP-FRANÇAIS, de l'Imprimerie de P. Gatineau, au Carénage, près de la Commission Intermédiaire. ***Version numérisée : The Internet Archive***, https://archive.org/details/ proclamation06sain/page/n5/mode/ 2up.

Introduction

Présentation du document

Le présent extrait de la « Proclamation » est un exemplaire numérisé accessible en ligne sur **The Internet Archive**, https://archive.org/details/proclamation06sain/page/n5/mode/2up. Il s'agit d'un discours officiel prononcé au Cap français, chef-lieu de la colonie française de Saint-Domingue. Il sera ensuite proclamé dans différents lieux de la colonie par Sonthonax et imprimé pour être distribué.

Léger Félicité Sonthonax est un avocat, défenseur des thèses abolitionnistes (il se positionne en faveur de l'émancipation des esclaves) ; il est envoyé dans la colonie de Saint-Domingue à la suite de la révolte des esclaves de 1791 « pour rétablir l'ordre ». C'est en sa qualité de Commissaire civil (envoyé en mission par la République française) qu'il proclama l'émancipation des esclaves en 1793, et éleva le leader de la révolte des esclaves, Toussaint Louverture, en général de division et commandant en chef de la colonie.

[*Rien n'empêche de revoir la source en indiquant le lieu de publication par exemple (voir fin du texte).*]

Contexte historique

La société Domingoise est composée de « Blancs » (originaires de métropole ou nés dans la colonie), « libres de couleurs » (esclaves affranchis ou métis) et de Noirs (les esclaves) qui composent l'écrasante majorité de la population. À partir de 1789 (début de la Révolution française), chaque groupe s'empare des idéaux révolutionnaires : les Blancs réclament plus d'autonomie, les libres réclament l'égalité (certains droits leur étaient refusés du fait de la couleur de leur peau et malgré leur statut de libre) et les esclaves demandent la liberté. Une guerre oppose les Blancs et les libres de couleurs, tandis que les esclaves se soulèvent partout dans l'île. La colonie est menacée par les Anglais et les Espagnols qui cherchent à s'en emparer. C'est donc dans ce contexte que les émissaires sont envoyés. Ils sont chargés de faire appliquer le « décret du 28 mars 1792 » qui énonçait que, « les hommes de couleur et nègres libres doivent jouir, ainsi que les colons blancs de l'égalité des droits politiques » dans les colonies.

Analyse et plan

Analyse

Cet extrait sur l'acte d'émancipation des esclaves nous permet de revenir entre autres sur la problématique des droits de l'homme telle qu'elle se posait dans les colonies et sur l'île de Saint-Domingue plus particulièrement où son application allait imposer de nouveaux rapports sociaux avec en plus l'abrogation du Code noir.

(L'analyse doit toujours permettre de dire comment le texte est articulé, c'est-à-dire les parties, le plan)

Plan

En collant aux problématiques mémorielles contemporaines relatives à la traite atlantique, nous allons ainsi tour à tour étudier la question de (1) l'humanisme occidental dans l'acte d'émancipation des esclaves ; (2) les transformations sociales dans la mise en œuvre de cette pensée émancipatrice. [Nous gardons la potentielle partie (3) pour la conclusion.]

(Exercez-vous à refaire le plan en proposant des titres comme dans le commentaire proprement dit ci-dessous)

Commentaire proprement dit

À noter

Le but de l'exercice est d'engager la discussion avec et entre les étudiants à partir des questions proposées pour chaque partie du commentaire proprement dit. Les étudiants doivent pouvoir répondre à ces questions en se référant à leurs activités de cours et aux lectures faites dans le cadre du ***CM TD-isé****. Ces questions permettent surtout de rester dans le document, de l'interroger et de bâtir des arguments dans l'interprétation.*

L'humanisme « occidental » dans l'acte d'émancipation des esclaves

1. À quelles situations historiques renvoie cette phrase « LES HOMMES NAISSENT ET DEMEURENT LIBRES ET ÉGAUX EN DROIT » ?

2. Les valeurs et les principes de la « République française » (liberté et égalité entre tous les hommes, sans distinction de couleur) étaient-ils respectés en 1793 ?

3. Que sous-entend Sonthonax quand il clame :"les rois ne se plaisent qu'au milieu des esclaves : ce sont eux qui, sur les côtes d'Afrique vous ont vendus aux blancs... » ?

Les transformations sociales de l'acte d'émancipation

1. Quelles sont les nouvelles relations de travail instaurées entre les anciens esclaves et leurs anciens maîtres ?
2. Pouvez-vous énumérer les mesures sociales énoncées dans la proclamation de Sonthonax (les traitements, les femmes, les enfants, les soldats...) ?

3. Les mesures d'application de l'acte d'émancipation sont-elles plus économiques qu'humanistes ; permettent-elles une transformation en profondeur de la société Domingoise ?

Conclusion

1. Par rapport à la question (3), veuillez proposer une conclusion critique qui situe la révolte des esclaves au cœur des questions de l'abolition de l'esclavage.

2. Démontrez que ce sont des esclaves qui se sont de tout temps opposés à leurs conditions dans les Amériques et qui ont arraché leur liberté.

3. *Illustrez si possible et brièvement votre argumentation avec les éléments tirés du Code Noir désormais abrogé.*

Document oral

Translitération et traduction : Ceddo kaana majoo bang

Translitération	Traduction
Barri tonyala Sanneh ning Manneh Nyancho bu borta Kabu Santula	Il est vrai que les Sanneh et les Manneh sont des Nyanchos du Kaabu
Ceddo kaana majoo bang *Ceddo kaana majoo bang* *Ceddo Kaabu kaana ma juu bang*	*Ceddo, ne finissez pas notre mil.* *Ceddo, ne finissez pas notre mil.* *Ceddo du Kaabu, ne finissez pas notre mil.*
Sanneh, Manneh jangbe dee leh *Maroo jangbe dee leh* *Maroo malilah jangbe dee leh*	*Sanneh, Manneh, comment c'est ici ?* *Guerrier, comment c'est ici ?* *Guerrier de la honte, comment c'est ici ?*
Ye, mbaringo, ye, mbaring *Nte kela Fula jongo ti*	*Oh, mon oncle, oh mon oncle* *Je ne serai pas esclave des Fula*

Mbaringo ye, mbaring *Mman ta kela Fula jongo ti*	*Oh, mon oncle, oh mon oncle* *Je ne deviendrai jamais esclave peul*
Ceddo kaana majoo bang *Ceddo kaana majoo bang* *Ceddo Kaabu kaana ma juu bang*	*Ceddo, ne finissez pas notre millet.* *Ceddo, ne finissez pas notre mil.* *Ceddo du Kaabu, ne finissez pas notre mil*
Saa manka Dembaa boorita *Saa manka Dembaa boorita* *Demba mang boori Baaba le yaa ki*	*Demba de Saama s'est-il enfui ?* *Demba de Saama s'est-il enfui ?* *Demba ne s'est pas enfui, son père l'a envoyé*
Baaba le yaa ki sangsang daa la *Keesso baangtaa, munkoo baangtaa* *Kooring Nyancho tee boo-rilaa keelé la*	*Son père l'a envoyé à l'entrée de la forteresse./ Il a été envoyé parce que les balles et la poudre à canon étaient finies./ Les Koring Nyancho ne fuient jamais la guerre*
Ceddo kaana majoo bang *Ceddo kaana majoo bang* *Ceddo Kaabu kaana ma juu bang*	*Ceddo, ne finissez pas notre mil.* *Ceddo, ne finissez pas notre mil.* *Ceddo du Kaabu, ne finissez pas notre mil*

Source : Translitération et traduction de la chanson ***« Ceddo Kaana Majo bang »*** chantée par Bukari Suso (Mamadi Jassi, Nyatu Sakilibah et Penda Sakilibah), enregistrée pour archive par les *Cultural Archives, National Centre for Arts and Culture (NCAC)*, Banjul, Gambie, le 21 janvier 1981 sous le numéro de cassette 765/766 (consultée en juillet 2006).

À noter

Nous allons à présent vous proposer un exemple de commentaire de document oral. Sachez qu'au niveau ***Master***, vous découvrirez plus à propos la richesse des sources internes dans l'écriture de l'histoire africaine ; d'où l'approche innovatrice en vous présentant de tels documents avec le souci de vous outiller pour votre terrain de chercheur débutant dès la première année[6].

Retenez surtout que le document oral exige un triple travail après sa collecte qui respecte une certaine méthode : d'abord la translitération, ensuite la traduction et enfin le commentaire.

Introduction

Présentation du texte

(Ne le perdez pas de vue, il s'agit de l'auteur, de la nature du texte, de la source, à chacun son style)

« Ceddo kaana majoo bang » est une chanson épique très connue en Sénégambie. Elle est chantée ici par le griot gambien, Bukari Suso, accompagné de ses choristes, Mamadi Jassi, Nyatu Sakilibah et Penda Sakilibah. Cette version a été enregistrée le 21 janvier 1981 et archivée au Cultural Archives, National Centre for Arts and Culture (NCAC) sous la cassette bande portant le numéro 765/766. D'autres versions plus anciennes enregistrées dans les années 1970 existent au NCAC.

Contexte historique

Indépendante en 1965, la Gambie dans la dynamique de l'écriture de l'histoire sénégambienne, s'est inspirée de la politique culturelle senghorienne en procédant à la collecte de données historiques orales par la mise en place des National Cultural Archives, institution inspirée des Archives Culturelles du Sénégal. C'était à un moment où l'École de Dakar s'intéressait à l'histoire des institutions tradition-

[6] Est ici ***TD-isé**, le **CM** [HIS.111/A_ Le Sénégal dans l'Histoire de la Sénégambie] animé par le Professeur Mamadou Fall qui propose comme activité de cours la collecte de sources qui permettront aux chercheurs débutants, par exemple, de « représenter une période, une figure ou une activité culturelle, artistique, économique ou spirituelle de leur terroir d'origine ». Étant parmi les co-animateurs, le défi de Monsieur Pape Chérif Bertrand Bassène était aussi d'outiller les étudiants sur la manière d'étudier les sources internes qui ont désormais gagné leurs titres de noblesse dans l'écriture de l'histoire sénégambienne (*Thioub 2007).

nelles au contact des idéologies étrangères. Les diverses interprétations offertes par ces différentes tendances historiographiques enrichies par les sources orales plaçaient le Ceddo au centre de l'histoire de la connexion atlantique à partir du 18e siècle où il jouait un rôle in /contesté. Ainsi, les sources orales collectées en Gambie dans les années 1970 ouvraient-elles de nouvelles perspectives à la problématique de la contribution des institutions sénégambiennes dans les traites négrières, atlantique singulièrement.

Analyse

Plusieurs versions de l'épopée Ceddo du Kabu existent et révèlent l'existence de conflits qui ont secoué la Sénégambie avec leurs lots de captivité et de traite de populations sans défense. Cela donnait en image le rôle que le Ceddo avait joué dans le système atlantique. Cette chanson qui met en évidence une longue tradition de respect des principes de résistance, d'héroïsme et de religion des terroirs, sert souvent à interpréter une courte période de la fin du Kabu et l'hégémonie mandingue au 19e siècle.

Plan

Mettre en avant l'image donnée au Ceddo du Kabu par les sources orales gambiennes (1) allait ouvrir de nouvelles perspectives dans la lecture de son rôle au sein des institutions anciennes sénégambiennes (2).

Commentaire proprement dit

(Appréciez notre style pour problématiser notre commentaire en dévoilant les parties du plan ou le plan tout court)

> **Problématique** : *mettre en avant l'image donnée au Ceddo du Kabu par les sources orales gambiennes (1) allait ouvrir de nouvelles perspectives dans la lecture de son rôle au sein des institutions anciennes sénégambiennes (2).*

(1) L'image donnée au Ceddo du Kabu : une force militaire —

(2) Le rôle du Ceddo dans l'empire du Kabu.

L'image du Ceddo du Kabu, une force militaire

1. Qui sont les Nyancho, Koring et Ceddo du Kabu ?

2. Sama est une province du Kabu, quelle autre province du Kabu connaissez-vous ?

3. Le Kabu était-il sans chef, ni religion ?

4. Quelle était la religion Ceddo et était-ce la seule religion qui existait dans le Kabu ?

Le rôle du Ceddo dans l'empire du Kabu

1. La relation avec le Ceddo est-elle à sens unique, c'est-à-dire de type despotique ou était-il possible pour le sujet de négocier et de plaider sa cause ?

2. À quelle activité économique renvoie le mil ?

3. Connaissez-vous le type d'impôt collecté pour les agriculteurs et les éleveurs en Sénégambie ?

4. Si vous avez en image que le Ceddo est un guerrier au service d'un système dont les institutions sont religieusement inspirées, pensez-vous toujours qu'il agit sans foi ni loi, un « guerrier de la honte » ?

Conclusion

1. Connaissez-vous d'autres noms pour les Ceddo en Sénégambie ?

2. Quelle perception/représentation des Ceddo et de leurs alter ego dans le reste de la Sénégambie, et partant des institutions africaines anciennes au contact avec le monde atlantique ressort dans votre argumentation basée sur ce document oral ?

3. Qu'apporte un document oral par rapport à un document écrit ?

Réponses possibles

La notion de Ceddo qui serait d'origine peule (*Kedo*) renvoyait au renégat en Sénégambie du nord, tandis que dans la partie méridionale, elle pouvait définir aussi l'autre, le « Mandingue », qui était pourtant islamisé avec des institutions inspirées de la foi musulmane. Il ne fait aucun doute que l'orientation dominante sur l'identité des ceddos ne tient pas entièrement compte de la mise en avant de cette réalité institutionnelle islamique qui était bien hiérarchisée et donc organisée. L'histoire des Ceddos ne devrait pas se limiter à la seule réalité du 19e siècle que suggèrent certaines sources écrites ; comme le laissent apparaitre les sources orales, c'est une institution sénégambienne organisée qui a traversé les âges malgré son caractère d'absence d'autorité.

C'est quoi un commentaire réussi ?

Pour réussir votre commentaire, il faut surtout respecter les consignes de l'enseignant — *ce manuel n'est qu'un outil de travail à vous de savoir bien vous en servir* —. Nous vous proposons une grille d'évaluation que vous pourriez utiliser pour une auto-évaluation.

Grille d'auto-évaluation

Cette grille serait celle du correcteur. Mais vous pouvez l'utiliser pour vous exercer.

Introduction *(6 points)*	*Notée sur entre 6 et 8 par certains correcteurs, elle donne une première impression sur votre copie. Sachez que vous êtes plus de mille étudiants, et que si le correcteur ne retrouve pas les bases de votre travail, il aura l'impression de perdre son temps à vous lire, car l'introduction permet de se donner une idée du contenu du devoir* *Amorce incluant :* – *présentation de l'auteur,*

	– *nature et origine du document,* – *date de rédaction…* *contexte…* – *datation et précision du contexte ;* *analyse du document :* – *intérêt historique du document, les différentes idées,* – *la problématique à laquelle renvoient les idées…* *plan :* – *annonce d'un plan (2 ou 3 parties)*
Développement *(10 points)*	*Vous avez un plan, il s'agit maintenant de mettre en lumière tous les passages importants de votre document.* *Le plan est un choix que vous avez opéré, il vous faudra faire le tri des connaissances acquises sur le sujet ou sur le* **CM** *Respect des différentes parties du plan* *exploitation du contenu essentiel de l'extrait au regard de la problématique soulignée* *traitement de la problématique avec les connaissances tirées du* **CM**/*de la documentation* *Atouts (articulation du texte du candidat) :* *pas de hors sujet (ne pas parler d'éléments qui n'ont rien à voir avec l'extrait),* *pas de paraphrase (ne pas reprendre les idées avec d'autres mots) ;* *pas de dissertation (ne pas prendre le contenu du* **CM** *pour faire comprendre le texte)… ;* *annonce et transition entre les différentes parties,* *texte lisible avec des paragraphes pour chaque partie…*
Conclusion *(4 points)*	*La conclusion est d'abord une réponse à la question formulée en introduction ; mais aussi un moyen de reprendre les étapes de la réflexion menée et d'en rappeler les éléments essentiels.* *intérêt du document ;* *réponse aux questions soulevées par les idées contenues dans le texte*

Langue et style

La mise en écrit de votre interprétation d'un document soumis pour commentaire doit prendre en compte certains réflexes comme :

- Numérotez votre texte ;
- soyez simple, pas trop long pour éviter de tomber dans une sorte de paraphrase de vos connaissances ;
- aérez votre texte avec des phrases simples et des paragraphes ou en sautant une ligne entre les parties de votre plan ;
- quand vous citez, essayez d'insérer la citation avec une explication cohérente ;
- quand vous renvoyez à une référence (texte numéroté), quand vous modifiez un mot du texte (nom, pronom, verbe conjugué), essayez de construire, d'avoir un texte lisible en utilisant des caractères / symboles qui aident à comprendre ce que vous avez apporté comme changements. Par exemple : « », ()…
- évitez le flou qui consiste à étaler son absence de documentation en restant dans la généralité sans savoir de quoi parle le texte…
- ne citez pas pour citer (voir plus loin les erreurs à éviter en commentaire)
- améliorez sans cesse votre niveau de langue en évitant les fautes (grammaire, vocabulaire, conjugaison, syntaxe…).

Les pièges à éviter

- *La paraphrase*

C'est quand vous vous contentez d'expliquer le texte, en reformulant l'énoncé par un nouveau contenu juste plus long qui dit la même chose mais n'apporte rien de nouveau en termes de connaissances du point de vue du contexte historique.

- *La citation généralisée*

Vous vous contentez de citer de manière linéaire et répétitive le texte, et vous essayez ensuite de trouver des interprétations vagues qui ne se différencient pas du texte ou qui multiplient les parties attendues du plan.

- *La dissertation*

Vous avez un plan avec différentes parties, mais au lieu de coller au texte en convoquant vos connaissances pour le faire comprendre, vous vous contentez de disserter, de traiter de manière générale chaque partie selon qu'elle renvoie à une thématique donnée.

- *Le déballage*

Sur chaque mot qui vous dit quelque chose, vous vous contentez de tout dire, sans tenir compte de la cohérence avec la problématique qui a donné lieu à un plan que vous devez suivre scrupuleusement.

La surinterprétation.

Votre commentaire ne colle pas suffisamment au texte, vous mobilisez des connaissances qui vous permettent d'en dire plus que ce que dit le texte. Vous êtes dans le contresens.

- *Le jugement*

Les considérations de types *« grand historien », « texte mal écrit ou tronqué »* peuvent apparaitre comme des opinions personnelles. Quand on écrit « *beau texte* », il s'agit ici de l'esthétique d'un texte et non un jugement des faits ; ce qui donc ne relève pas nécessairement du travail de l'historien.

- *Absence de raisonnement*

Le texte à commenter est un document historique, il faut le faire « parler » comme source historique et enrichir les questions (problématique) qu'il soulève en les corroborant et/ou en les nuançant.

Commentaire

(Exercez-vous en vous inspirant de cet exemple)

Débat sur la Convention de l'abolition de l'esclavage de 1794

(Le Sénateur Delacroix)

En travaillant à la constitution du peuple français nous n'avons pas porté nos regards sur les malheureux hommes de couleur. La postérité aura un grand reproche à nous faire de ce côté ; mais nous devons réparer ce tort. Inutilement avons-nous décrété que nul droit féodal ne serait perçu dans la République française. Vous venez d'entendre un de nos collègues dire qu'il y a encore des esclaves dans nos colonies. Il est temps de nous élever à la hauteur des principes de la liberté et de l'égalité. On aurait beau dire que nous ne reconnaissons pas d'esclaves en France, n'est-il pas vrai que les hommes de couleur sont esclaves dans nos colonies ?

Proclamons la liberté des hommes de couleur. En faisant cet acte de justice, vous donnez un grand exemple aux hommes de couleur esclaves dans les colonies anglaises et espagnoles. Les hommes de couleur ont, comme nous, voulu briser leurs fers ; nous avons brisé les nôtres, nous n'avons voulu nous soumettre au joug d'aucun maître ; accordons-leur le même bienfait (On applaudit) [...]

Président, ne souffre pas que la Convention se déshonore par une plus longue discussion.

[Il propose la rédaction suivante]

La Convention nationale décrète que l'esclavage est aboli dans toute l'étendue du territoire de la République ; en conséquence, tous les hommes sans distinction de couleur jouiront des droits de citoyens français. [...] (L'assemblée entière se lève par acclamation.)

Le Président prononce l'abolition de l'esclavage au milieu des applaudissements et des cris mille fois répétés de vive la république ; vive la Convention ; vive la Montagne ! [...]

(Le Sénateur Danton)

Nous avions déshonoré notre gloire en tronquant nos travaux. Les grands principes développés par le vertueux Las-Casas avaient été méconnus. Nous travaillons pour les générations futures, lançons la liberté dans les colonies ; c'est aujourd'hui que l'Anglais est mort. (On applaudit). En jetant la liberté dans le nouveau monde, elle y portera des fruits abondants, elle y poussera des racines profondes. En vain Pitt et ses complices voudront par des considérations politiques écarter la jouissance de ce bienfait, ils vont être entraînés dans le néant ; la France va reprendre le rang et l'influence que lui assurent son énergie, son sol et sa population. »

Source : Séance du 4 février 1794, Archives parlementaires

Remarques préliminaires

(Intérêt, contenu et difficulté du texte)

Le document à commenter est un montage d'extraits d'un compte — rendu des débats au Sénat français sur la « convention qui abolit l'esclavage le 4 février 1794 », choisis de manière à respecter une logique d'ensemble qui correspond au ***Cours Magistral*** sur « l'Impact Global de la Révolution haïtienne (1791-1804) ». Grâce aux lectures recommandées pour le *CM* (« La déclaration d'indépendance des États-Unis de 1776 », « La déclaration des Droits de l'homme et du citoyen de 1789 », le « Décret du 4 avril 1792 », « La proclamation du 29 août 1793 de L.-F. Sonthonax »...), les étudiants ont suffisamment d'éléments pour l'examen de ce texte.

Introduction

Présentation du document

Nature

1) Le texte présente les minutes d'un débat parlementaire sur la « convention qui abolit l'esclavage le 4 février 1794 », projet d'abolition extrait de la documentation des archives parlementaires de France. Sont citées dans ce texte qui comporte plusieurs coupes et présentées de manière cohérente les interventions de deux sénateurs.

ou

2) La « convention qui abolit l'esclavage le 4 février 1794 » est l'un de ces accommodements trouvés au sein du parlement français et qui font suite aux revendications du siècle des lumières en ce qui concerne les questions des droits de l'homme. Le texte à commenter présente une ébauche de la déclaration de l'abolition de l'esclavage à la suite des débats parlementaires. Il fait partie de la vaste documentation produite par l'Assemblée nationale française dans l'exercice de sa souveraineté

Auteur

Ne s'applique pas.

L'étudiant peut néanmoins souligner que c'est un texte sans auteur. Mais il ne doit surtout pas inventer.

Contexte historique

Le compte-rendu des débats du Sénat sur le projet de convention d'abolition de l'esclavage tenu le 4 février 1794 présente l'Assemblée dans son rôle d'approfondissement des questions nationales. En effet, la seconde moitié du 18e siècle est marquée par les idées des droits de l'homme telles qu'on les retrouve dans la « déclaration d'indépendance des États-Unis » (1776), la « Révolution française et la Déclaration des droits de l'homme et du citoyen » (1789) et surtout la révolte des esclaves de Saint-Domingue (1791). Or, à Saint-Domingue, riche colonie française, les représentants coloniaux avaient menacé de se séparer de la métropole en cas d'abrogation des lois esclavagistes ; ils concédèrent d'abord l'égalité des droits entre hommes libres le 28 mars 1792 avant que ne fut proclamée à la suite des révoltes l'abolition de l'esclavage dans les colonies.

Analyse et plan

Analyse

Le commentaire porte sur un extrait qui donne connaissance du contenu des débats de l'assemblée de la convention qui abolit l'esclavage des noirs dans les colonies françaises. La République française dont la constitution débuta par la Déclaration des droits de l'homme se fit appeler « patrie des droits de l'homme » en raison de la vocation universelle qui pourtant n'était pas immédiatement appliquée dans les colonies esclavagistes comme Saint-Domingue. D'où les vives discussions autour des grands principes de la Révolution française qui ont opposé abolitionnistes et non-abolitionnistes. La révolte des esclaves depuis 1791 et le souci pour que la République vive selon les « grands principes » humanistes se reflètent dans les débats qui suivirent le vote de la convention.

Plan

Avec le présent document, les étudiants à qui nous avons souvent conseillé de privilégier un plan de deux parties ont la possibilité de faire ressortir un plan qui ne s'éloigne pas de la problématique suivante :

Partie 1

(La contradiction entre les principes fondamentaux de la Déclaration des droits de l'homme et le maintien de l'esclavage dans les colonies...)

- *Esclavage dans la République ;*
- *Principes de la Déclaration des droits de l'homme et esclavage à Saint-Domingue ;*
- *Fin du « droit féodal » dans les colonies françaises...*

Partie 2

(La vocation universelle des droits de l'homme que la France veut porter...)

- *La France et la portée internationale de la convention ;*
- *Esclavage et retour de la grandeur de la France ;*
- *Vocation universelle de la Déclaration des droits de l'homme...*

Commentaire proprement dit

(Première partie)

Les événements de la révolution de 1789 sont connus à Saint-Domingue où le comportement des colons tendait à annihiler la suppression des droits féodaux votés par l'assemblée constituante. La question rhétorique du sénateur sur l'inutilité d'un tel vote (« inutilement avons-nous décrété ») met en perspective la contradiction au sein de la République qui « ruse avec ses principes », les droits constitutionnels inaliénables et sacrés de l'homme.

Le préambule qui est en fait « la Déclaration des droits de l'homme et du citoyen », condamnait déjà la situation dans laquelle étaient les esclaves. Ainsi on son premier article, était déclaré que les « Hommes naissent et demeurent libres et égaux en droits. » Or, la France continuait à maintenir des « esclaves dans ses colonies » excluant ainsi les « hommes de couleur » du corps social en leur niant lesdits droits.

Ainsi, en 1791, à l'image de la Révolution française qui mit fin à la monarchie (« brisé les nôtres »), les Saint-Domingois à qui l'on refusait les mêmes droits politiques ont « voulu briser leurs fers ». Ce furent les mulâtres qui revendiquèrent d'abord l'application des droits de l'homme aux libres de couleur, s'en suivit la révolte des esclaves. Leur union contre les colons anti-abolitionnistes allait leur permettre de prendre le Nord de l'île. En métropole, les décisions politiques prises au nom de l'égalité tendaient à diviser cette unité en attribuant les droits politiques aux affranchis (4 avril 1792) tout en maintenant l'esclavage.

[Les étudiants peuvent s'intéresser à la Proclamation de Sonthonax]

Pour faire appliquer cette loi qui devait octroyer des représentants blancs ou mulâtres à l'île de Saint-Domingue les députés, Sonthonax et Polverel, sont envoyés. Mais outrepassant leur mission, ils décidèrent de proclamer de leur propre chef l'abolition de l'esclavage le 29 août 1793. À la suite de cette abolition qui ne semblait engager la France, les deux missionnaires organisèrent les élections le 23 septembre 1793 qui donnèrent à Saint-Domingue des représentants à l'image du peuple (noir, blanc, métis).

Dans la suite de la révolte sur l'île, ce sont les tout nouveaux députés de Saint-Domingue qui allaient assister à la Convention le 3 février 1794 et voter le 4 février 1794 la proclamation de l'abolition de l'esclavage. Le vote de la convention de 1794 se veut ainsi « réparer ce tort » en accordant au noir la liberté dans l'ensemble des territoires de la République française et surtout dans les colonies.

(Deuxième partie)

Les idées de la période dite des lumières telles qu'elles furent développées au 18e siècle portaient entre autres sur les valeurs de liberté et d'égalité. Ainsi, au sein même de l'Occident, les nations comme la France ou les États-Unis prétendaient en être le berceau. Or, aussi bien pour les États-Unis en 1776, comme pour la France en 1789 où la solidarité aux noirs s'affichait timidement à travers le discours des abolitionnistes, il y avait besoin de « s'élever à la hauteur des principes de la liberté et de l'égalité ».

Certes, les motifs derrière le « Proclamons la liberté des hommes de couleur » sont d'ordre philosophique et moral. Cependant, l'intérêt de puissance de la France n'est pas absent d'une telle décision comme semble l'indiquer le vocabulaire des deux députés cités ici qui parlent de « déshonorer notre gloire », de « reprendre le rang et l'influence » ou de « mort de l'anglais ».

Derrière cet « acte de justice » bien interne à la France se cachent d'autres intentions à l'échelle internationale : « donner un grand exemple aux esclaves dans les colonies anglaises et espagnoles ». Ainsi, partout dans les colonies espagnoles comme britanniques où il y avait des esclaves, on s'attendait à ce que les nouvelles de l'abolition de l'esclavage dans les colonies françaises suscitent des soulèvements d'esclaves comme ce fut le cas à Saint-Domingue. Les intérêts géopolitiques de la France ne sont pas cachés durant les débats qui ont mené au vote de cette décision parlementaire.

D'ailleurs dans les faits, la révolte qui mena plus tard à l'indépendance d'Haïti en 1804 porta les « fruits » de la « liberté dans le nouveau monde ». Haïti fut ainsi à partir de 19e siècle un foyer révolutionnaire actif dans toute l'Amérique. La mobilité des esclaves de Saint-Domingue souvent emmenés par leurs propriétaires fuyant l'île, contribua à la propagation des idées révolutionnaires haïtiennes dans la région. Comme prédit, les « racines de la liberté poussèrent » à Cuba, autant que dans les Antilles françaises, à la Jamaïque, au Venezuela, au Brésil, aux États-Unis, partout dans le « Nouveau Monde » les révoltes se produisent, mêlant aspirations à l'égalité et projet d'indépendance. La Révolution haïtienne fut prise en exemple et servit de référence et de modèle.

Conclusion

L'étudiant peut conclure :

- *sur la portée internationale de l'abolition de l'esclavage et partant sur l'universalité des principes ;*
- *ou sur l'impact de la révolution haïtienne en mettant en avant la révolte elle-même...*

La « Convention nationale » qui décrète l'abolition de l'esclavage constitue le point culminant de la Révolution française. Il faut surtout reconnaître que malgré les idées des philosophes des Lumières et malgré la « Déclaration des droits de l'homme et du citoyen », l'esclavage fut maintenu dans les colonies. Il a fallu le soulèvement des esclaves pour que les colons du haut de leurs certitudes et de « l'impensable » acceptent d'étendre le concept de droits humains à l'ensemble de l'humanité, sans distinction de race ou de sexe. C'est de cette radicalité que l'on pense que la révolution haïtienne dépasse les révolutions française et américaine.

5.2.2 L'exposé

L'exposé est un exercice de communication et de travail d'équipe. Cette activité qui est présentée oralement fait appel à l'aptitude des étudiants à travailler en groupe. L'équipe (petit groupe de 3 à 5 étudiants) est notée sur son organisation, sur sa présentation, sur tout ce qui reflète un travail bien fait.

5.2.2.1 Choix du sujet et rédaction

Nous vous conseillons de voir les parties *[3.3 : Thème/Thématique _ 3.4 : Sujet _ 3.5 : Problématique...]* pour le choix du sujet. Quant à la rédaction de votre exposé, se référer à la partie *[5.3 : Dissertation.]*

5.2.2.2 Organisation

Il faut être très rigoureux dans l'organisation de votre groupe, c'est-à-dire :

- *échanger sur la compréhension du sujet, la problématique à traiter, le plan ;*
- *s'engager à rendre le travail à temps (connaître les dates de restitution de votre travail et de présentation de votre exposé, respecter un calendrier de travail) ;*
- *savoir qui fait quoi, qui traite quoi, assigner à chaque membre une mission à accomplir (qui va modérer, surveiller le temps de parole pour ne pas le dépasser) ;*

5.2.2.3 Préparation

Une fois que vous avez choisi votre sujet durant les TD, trouvez une méthode de travail en équipe, faites tout ensemble dans la préparation de votre exposé — de la recherche des documents à la rédaction — !

Il s'agit par exemple :

- *de vous préparer en travaillant sur des fiches rédigées dans un style télégraphique ;*
- *de vous exercer en groupe à parler de manière audible ;*
- *d'éviter de lire tête baissée sur votre fiche ;*
- *de maîtriser le temps de parole ;*
- *si la salle est équipée de matériel informatique, apprendre à l'utiliser avant le jour « J » pour ne pas perdre du temps ;*
- *d'apprendre à défendre votre travail, vos idées en étant nuancés et courtois dans vos réponses…*

5.2.2.4 Présentation orale

En tant qu'exercice de communication et de discussion avec vos camarades, vous devez informer votre audience, ***d'abord en présentant le sujet, la problématique et le plan*** ; ***ensuite en développant votre point de vue de manière ordonnée*** à l'aide de votre fiche de notes. N'oubliez surtout pas le cadre spatio-temporel pour éviter que la discussion parte dans tous les sens.

Il ne faut surtout pas passer son temps à lire votre fiche, et sauf consigne contraire, vous devez vous tenir debout face à vos camarades, bien respirer pour éviter le stress, prendre confiance, capter l'attention de l'auditoire en s'adressant éloquemment à lui.

Éloquence

Un texte doit être dit distinctement pour être entendu et compris sans peine par le public entier ; chacun des autres étudiants du groupe de TD doit pouvoir suivre. Ni trop rapide, ni trop lente, la diction du texte doit adopter un rythme varié pour soutenir l'attention et marquer les points forts de l'exposé comme les débuts de partie ou les phrases-clés des conclusions.

Théâtralisation

Théâtraliser votre présentation, c'est donner à voir, à entendre votre interprétation en utilisant un discours cohérent et une expression corporelle qui n'est pas trahie par le stress. Jouer l'acteur et le bon acteur, c'est chercher à convaincre son auditoire qu'il faut regarder sans chercher à le fuir.

5.2.2.5 Gestion du temps et des discussions

La gestion du temps fait partie intégrante de l'exposé ; c'est une compétence requise de l'étudiant et qui est prise en compte dans l'évaluation du travail. Il faut donc prévoir à l'avance le temps que l'on va passer sur l'introduction, sur chacune des parties du plan, la conclusion, le temps des questions et réponses.

En fonction des difficultés rencontrées par un de vos camarades, vous devez être en mesure d'y pallier. Pour ce faire, allez à l'essentiel dans vos fiches ou, à la limite, repérez les idées-forces et les idées subsidiaires dans chaque partie, ce qui permettra de moduler votre discours en fonction des contraintes. Pour cela, il peut être utile de distinguer dès la préparation de l'exposé ce qui est primordial et ce qui est secondaire, facilitant ainsi une éventuelle accélération de rythme au sein d'une sous-partie, afin de bien respecter le nécessaire équilibre des parties.

À noter

Un exposé est présenté par un groupe de (2 ou 3 voire 5) étudiants selon. Il est préparé par l'ensemble du groupe de TD. La participation à l'animation de la séance entre dans l'évaluation finale. Chaque étudiant.e doit être sur chaque sujet, en mesure d'en dire autant sinon plus que ceux qui présentent l'exposé.

5.3 La dissertation historique

Pour cette activité qui est la dissertation en histoire, vous n'aurez pas de TD intitulés comme tels. Elle peut néanmoins être utilisée comme moyen d'évaluer votre progression en histoire en termes de compréhension, d'interprétation et d'analyse.

À force de vous familiariser à la préparation et à la production d'un travail historique avec le CM (la TDisation du CM) et les exposés, vous allez déjà construire les bases de cet exercice de démonstration soutenue en réponse à un sujet, un problème… donné. Comme pour d'autres compétences, la rédaction d'une dissertation se développe et s'améliore avec le temps. Chaque exercice de rédaction que vous effectuerez de manière sérieuse et rigoureuse vous aide déjà à devenir plus compétent et plus confiant.

Le sujet et la question

En L, les sujets de dissertation qui sont proposés sont souvent liés aux cours magistraux, aux éléments constitutifs (EC) de l'UE. Pour autant, il ne s'agit pas de réciter mais de réfléchir sur une question d'histoire. Une question de dissertation est à la fois une tâche et un défi.

Elle peut vous demander :

- *d'expliquer les causes et/ou les effets d'un événement ou d'une situation particulière ;*
- *de décrire et d'analyser les causes et/ou les effets d'une action ou d'un événement particulier ;*
- *d'évaluer l'importance relative d'une personne, d'un groupe ou d'un événement.*

Faire une bonne dissertation en histoire, c'est pouvoir répondre à une question donnée en avançant une idée, un argument fort, ou si vous voulez, une thèse (au sens que vous avez l'habitude de comprendre ce mot) que vous avancez, et en l'illustrant par des exemples.

Exemple :

Sujet (Question) : *Pourquoi dit-on que la Révolution haïtienne a donné corps au principe d'universalité des droits de l'homme ?*

Thèse (Réponse) : Contrairement aux révolutions américaine (1776) et française (1789) qui n'ont pas mis fin au système raciste de l'esclavage, la Révolution d'Haïti (1791) qui a mené à l'indépendance (1804) de la première « République noire » a mis en pratique le principe d'universalité ainsi que, « Tous les Hommes naissent et demeurent libres et égaux en droits ».

Si telle est la thèse que vous avancez dans votre Introduction, vous devrez dans le Développement, l'expliquer et la justifier de manière détaillée avec des arguments appuyés de preuves.

Structuration

Toute dissertation en histoire doit comporter une Introduction avec un plan, un Développement qui comprend les différentes parties du plan et que vous devez traiter dans un enchainement logique, et une Conclusion.

La Réflexion — Étapes préalables

La première étape pour rédiger une bonne dissertation, quel que soit le sujet, est de bien réfléchir à la question :

- *soulignez, surlignez ou annotez les mots-clés ou les termes dans le texte ;*
- *réfléchissez à ce qu'elle vous demande de faire ;*
- *sur qui ou sur quoi veut-elle que vous vous concentriez ?*
- *indique-t-elle ou implique-t-elle un délai particulier ?*
- *quel problème veut-elle que vous abordiez ?*

Une fois que vous avez passé le temps nécessaire pour comprendre votre sujet, passez à la phase : <u>écrire sur le brouillon et sans hésiter toutes les idées que vous inspire le sujet</u>.

Contrairement à ***l'exposé***, vous n'avez pas de documents en face de vous que vous auriez pris la peine de trouver à la bibliothèque physique ou numérique, avec lesquels vous allez soutenir et illustrer votre argumentaire. En effet dans la préparation de l'***exposé*** comme dans la ***dissertation***, l'énoncé vous invite à une discussion intellectuelle basée sur une documentation que vous avez acquise sous forme de culture générale à la suite des lectures mais avec la ***dissertation*** la documentation est mentale.

C'est donc sur cette ***documentation mentale***, emmagasinée grâce à vos lectures en histoire (à moins que ce soit un travail à faire à la maison qui exige de présenter une partie références ou bibliographie) que vous allez avancer votre thèse, soutenir votre raisonnement, démontrer votre problématique.

Il ne s'agit surtout pas de réciter quoi que ce soit !

À noter

La complémentarité des différentes activités intellectuelles

(Exposé, Dissertation, Commentaire)

Si l'***exposé*** vous prépare à la ***rédaction*** — dans l'un ou l'autre, il s'agit de comprendre votre sujet, de hiérarchiser dans votre brouillon les grandes idées auxquelles il vous fait penser, de problématiser et de ressortir un plan (c'est-à-dire l'organisation de vos idées en différentes parties, v*oir* ***4.1. L'introduction***) :

- *les idées sont vos premières réponses*
- *elles peuvent renvoyer à des sujets, événements, personnes ou problèmes qui sont liés à la question ;*
- *d'autres questions subsidiaires ;*
- *des sources qui pourraient être citées ;*
- *éventuellement d'autres éléments qui viennent à votre compréhension et qui amènent à changer de plan…*

Ainsi, selon votre problématique, dans le plan de votre dissertation, les parties (que vous allez ainsi traiter dans le développement) peuvent être organisées de manière chronologique (développer dans l'ordre chronologique des événements) ou thématique (en fonction des problèmes soulevés).

Avec le ***commentaire***, vous allez être habitués à associer les idées à un ***contexte***, à délimiter la thématique d'un texte à un temps et un espace donné ; ce qui est nécessaire quand il s'agit de définir les termes d'un sujet de ***dissertation*** ou de votre ***exposé***. Il y a une certaine complémentarité des différentes activités que vous pouvez mobiliser de manière astucieuse dans l'introduction de chacune.

5.3.1 L'introduction

Elle permet à votre lecteur de juger votre travail ; elle donne une première impression sur votre effort, d'où son importance. Elle doit être claire, répondre à la question sans sacrifier le contexte. Elle doit permettre de savoir si vous avez compris le sujet et la manière dont vous comptez traiter la problématique posée dans le développement.

Elle doit comporter :

Une définition du sujet

Il s'agit d'aborder le sujet (l'intitulé) en formulant de manière précise le contenu de votre compréhension (des notions ou concepts) de manière à reconstituer une ***thématique***.

C'est une phase qui comprend à la fois la définition des termes du sujet, la délimitation d'un cadre spatio-temporel (inspirez-vous du contexte historique du commentaire) et à la suite de laquelle vous pouvez faire une phrase d'accroche qui démontre que vous avez compris le sujet et attire l'attention de votre lecteur. À la suite de quoi, vous procédez à la problématisation du sujet.

Une problématique

Si vous avez bien lu et compris le sujet, vous devez avoir une idée des problèmes, les différentes questions qu'il soulève et auxquelles vous voulez répondre. Notez que, qui dit problèmes dit solutions, ne pensez surtout pas que la problématique revient à poser uniquement des questions, ce sont bien évidemment les réponses potentielles dont il sera question dans le développement.

À noter

Pour une autre illustration de la complémentarité des différentes activités, dans le **commentaire** vous allez faire ressortir la **problématique** du **commentaire proprement dit** en proposant juste une **analyse** qui dévoile les différents problèmes que le texte permet de traiter. Dans la **dissertation**, votre **analyse** qui ailleurs dévoile les problèmes du texte reste à l'état de **théorie**, d'une **hypothèse** ou **d'hypothèses** à vérifier, de **problèmes** (voir **3.5 Problématique...**) à résoudre.

Sans problématique claire, vous risquez de faire un mauvais plan et du hors sujet.

Un plan

Le plan (voir *4.1 Introduction*) doit être en cohérence avec la problématique posée — rappelons que c'est une représentation en quelques signes (mots) de la problématique — il peut comporter deux ou trois parties (limite que nous conseillons en L) qui traduisent une progression dans le raisonnement.

Selon votre compréhension, le plan peut être justifié par :

- *des séquences temporelles, c'est-à-dire une chronologie ;*
- *une approche thématique ;*
- *la présentation de vos résultats ;*
- *une approche comparative ;*
- *une approche dialectique (thèse, antithèse, synthèse) ;*
- *une biographie s'il s'agit de faire l'histoire d'une figure historique par exemple...*

5.3.2 Le développement

Le développement tourne autour des différentes parties (réponses, solutions aux problèmes) de votre plan. Débutez chaque partie par une phrase de repérage, c'est-à-dire qui présente le problème que vous allez résoudre dans cette partie, expliquez rapidement son importance et argumentez ensuite avec des exemples.

Ainsi, pour chaque partie, vous pouvez :

- *proposer une introduction qui présente brièvement l'idée derrière la partie que vous allez traiter ;*
- *soutenir votre argumentation par des exemples sources, c'est-à-dire une argumentation documentée ;*
- *conclure par une transition qui présente de manière cohérente la suite du raisonnement…*

5.3.3 La conclusion

La conclusion de votre dissertation doit être courte tout en prenant en compte deux exigences :

- *répéter en reformulant votre problématique ;*
- *résumer brièvement votre thèse, l'argumentation que vous avez développée.*

Quelques conseils

<u>Référencez et citez vos sources</u>

Si pour les besoins d'évaluer votre progression, votre professeur vous a donné un devoir à domicile, vous devez avoir comme souci de référencer vos arguments, c'est-à-dire que vous devez étayer vos idées et votre argumentation par des citations ou des références avec des sources fiables.

Dans un contexte d'examen sur table, les références démontrant votre connaissance d'autres études sur la question donnent une certaine validité à vos écrits (même sous forme de paraphrase, c'est déjà quelque chose).

Relisez-vous

Prenez l'habitude de vous relire avant de soumettre votre travail. Mieux, vous pouvez le faire à chaque fois que vous avez terminé un paragraphe, vérifier l'orthographe, la grammaire, les références, les dates et bien d'autres coquilles qui se seraient glissées dans votre texte. Voir si votre raisonnement est clair, l'enchainement des paragraphes cohérent.

Apprenez à nuancer

La dissertation est un raisonnement intellectuel et non la simple expression d'une opinion personnelle. Il faut qu'elle adopte le point de vue d'un tiers informé, c'est-à-dire, à la troisième personne.

Il faut aussi faire attention au temps, écrire au passé en faisant attention à la concordance des temps. La seule exception à la règle du passé est lorsque vous écrivez sur les travaux d'historiens contemporains (par exemple, « Mamadou Fall dans *Terroirs de la Sénégambie* écrit... » sonne mieux que « Mamadou Fall dans *Terroirs de la Sénégambie* a écrit... »).

Optez pour la voix active en lieu et place de la voix passive. Elle permet surtout de faire des phrases courtes, claires et faciles à comprendre. À propos de la longueur des phrases, sachez que plus une phrase est longue, plus elle prête à confusion. Il faut donc y prêter attention.

Évitez les généralisations dans les dissertations d'histoire, ne tirez pas des conclusions générales à partir d'un ou plusieurs exemples. En histoire, vous ne pouvez pas soutenir par exemple que « Toutes les sociétés africaines sont hiérarchisées en classes sociales... » ; « les institutions des sociétés africaines sur les côtes étaient esclavagistes et ont participé dans la traite négrière atlantique...". L'interprétation historique n'est jamais aussi tranchée et simple ; il faut éviter les généralisations durant votre relecture.

Récapitulatif d'une mauvaise dissertation

- *le hors-sujet qui démontre que vous n'avez pas compris le sujet ;*
- *la récitation du cours ;*
- *la généralisation sans nuance ;*
- *l'accumulation d'exemples ;*
- *les fautes et autres coquilles ;*
- *les phrases longues et confuses ;*
- *l'usage du temps et de la concordance des temps...*

Nous vous proposons une grille qui vous permettra de vous auto-évaluer.

Grille d'évaluation

Le correcteur va prendre en compte la grille de correction élaborée par rapport au contenu du CM pour évaluer : le niveau d'information, la capacité de composition, le niveau de la langue.

Niveau d'Information **(/6 points)**	**Maîtrise des activités du cours (06 points)** *1. Introduction qui résume de manière appropriée l'objectif principal du sujet, les points les plus importants, et qui guide le lecteur sur ce qu'il doit attendre ;* *2. Idées et thèmes organisés en séquences appropriées à la question ;* *3. Une conclusion logique* **Compétences à construire (03 points)** *1. Idées généralement claires mais pas toujours très appropriées ;*

<table>
<tr><td></td><td>2. Faible niveau d'explication, d'interprétation et d'analyse ;
3. Éloignement de la question avec des événements non liés au problème posé

Absence de cohérence (01 point)
1. Travail écrit à la hâte avec peu de signes d'une réflexion approfondie ;
2. Très peu d'organisation ou de développement satisfaisant des idées ;
3. Disparité entre l'introduction et la conclusion ;

N.B : Attention au hors sujet (H.S), le reste de votre copie ne sera pas lu.</td></tr>
<tr><td>Capacité de composition

(/10 points)</td><td>Maîtrise des activités du cours (10 points)
1. Appareil conceptuel bien maîtrisé et une culture historique appropriée au cycle ;
2. Explication et interprétation des questions historiques clés spécifiées dans la question ;
3. Claire identification des personnes/figures/localités... citées ;

Compétences à construire (05 points)
1. Trop général, sans originalité ;
2. Peu d'exemples spécifiques à l'appui de l'interprétation ;
3. Peu d'illustrations pertinentes ;

Absence de cohérence (03 points)
1. Faible utilisation des concepts et données historiques ;
2. Pas de preuves spécifiques, pertinentes et appropriées à l'appui de chaque affirmation générale ;
3. Manque de précisions historiques ;</td></tr>
<tr><td>Niveau de langue

(/4 points)</td><td>Maîtrise des activités du cours (04 points)
1. Présentation des idées en phrases claires et concises ;
2. Grande fluidité dans ses phrases ;
3. Maîtrise des temps du passé et du présent...</td></tr>
</table>

	Compétences à construire (02 points) *1. Problèmes mineurs dans la structure des phrases ; grammaire ;* *2. Erreurs multiples de ponctuation, de style, de citation et d'orthographe ;* *3. Plusieurs phrases incomplètes, fragments de phrases et virgules...* **Absence de cohérence (01)** *1. Vocabulaire pauvre ;* *2. Structure grammaticale très faible ;* *3. Rédaction médiocre...*

À noter qu'en commentaire, le correcteur peut décider de sanctionner le respect de la technique, l'étudiant qui fait un hors sujet peut ainsi obtenir une note passable au lieu de médiocre.

Bibliographie[7]

Bernas, Colette, François Poirier, et Elizabeth Gaudin. *The Document in British Civilisation Studies : understanding, analysis, commentary*. Paris: Ophrys, 1992.

Bonnechere, Pierre. *Profession Historien*. Montréal : Presses de l'Université de Montréal, 2008.

Boulègue, Jean. « La naissance de l'histoire écrite sénégalaise : Yoro Dyao et ses modèles (Deuxième moitié du XIXème siècle, début du XXème siècle). » *History in Africa* 15 (1988): 395-405.

Clarke, Samantha. « Sources historiques. » Dans *L'encyclopédie canadienne*, de Historica Canada. https://www.thecanadianencyclopedia.ca/fr/, 2020.

Delort, Robert. *Introduction aux sciences auxiliaires de l'histoire*. Paris : Armand Colin, 1969.

Département Histoire. « Compte-rendu du séminaire sur la méthodologie du commentaire de documents historiques. » Dakar : UCAD, 2021.

Deschamps, Hubert. « Pour une Histoire de l'Afrique. » *Diogène*, n° 37 (1962) : 1-14.

Digithèque de matériaux juridiques et politiques. « Hait. Constitution du 20 mai 1805. » *Digithèque MJP*. © 2010. https://mjp.univ-perp.fr/constit/ht1805.htm (accès le mars 25, 2021).

---

[7] Norme AFNOR

Fall, Mamadou. *Les terroirs de la Sénégambie entre l'épée et le croissant : Xème-XXeme siècles.* Dakar : L'Harmattan, 2016.

Febvre, Lucien et Lioel Bataillon. *La terre et l'évolution humaine : introduction géographique à l'histoire.* Paris : Renaissance du livre, 1922.

Gaden, Henri. « Légendes et coutumes sénégalaises. Les Cahiers de Yoro Dyâo. » *Revue d'Ethnologie et de Sociologie*, n° 3-4 (1912) : 119-137.

Gauthier, Benoît. *Recherche sociale. De la problématique à la collecte des données.* Québec : Presses de l'Université du Québec, 1984.

Gayibor, Nicoué T., Dominique Juhé-beaulaton et Moustapha Gomgnimbou,. *Sources orales et histoire de l'Afrique. Un bilan, des perspectives.* Paris : Karthala, 2013.

Higounet, Charles. « La géohistoire. » Dans *L'Histoire et ses méthodes*, Sous la direction de Charles Samaran, 68-91. Paris : Encyclopédie de la Pléiade — Gallimard, 1961.

Hrbek, Ivan. *A History of Africa (I-II).* Prague: Svoboda Publishing House, 1966.

La Méthodologie de l'histoire de l'Afrique contemporaine (Meeting of Experts on the Methodology of Contemporary African History, Ouagadougou, 1979). Paris : Unesco, 1984.

Langlois, Charles Victor et Charles Seignobos. *Introduction aux études historiques.* Paris : Kimé, 1992.

Létourneau, Jocelyn. *Le coffre à outils du chercheur débutant : guide d'initiation au travail intellectuel.* 2e. Québec : Les Éditions du Boréal, 2006.

Lewellyn, Jennifer et Steve Thompson. "Writing a history essay." *Alpha History.* 13 avril 2019. https://alphahistory.com/writing-a-history-essay/ (accès le juin 16, 2021).

Marrou, Henri-Irénée. *De la connaissance historique.* Paris : Seuil, 1954.

Mazrui, Ali al'Amin. « Problèmes de l'historiographie africaine et philosophie de l'"Histoire générale de l'Afrique". Dans *La méthodologie de l'histoire de l'Afrique contemporaine...*, Unesco : 15-26. Paris : Presse Universitaire de France, 1979.

Ogot, Bethwell Allan. *History of the Southern Luo.* Vol. 1. Nairobi: East African Publishing House, 1967.

Ricoeur, Paul. *Temps et récit. III. Le Temps raconté.* Paris : Éditions du Seuil, 1985.

Thioub, Ibrahima (Ed.). *Patrimoine et sources historiques en Afrique.* Bruxelles : UCAD — UAI, 2007.

Unesco. *La méthodologie de l'histoire de l'Afrique contemporaine. Documents de travail et compte-rendu de la réunion d'experts organisée par l'Unesco à Ouagadougou, en Haute-Volta, du 17 au 22 mai 1979.* Paris : Presses Universitaires de France, 1984.

Valade, Bernard. "L'érudition : usages et enjeux." *Hermès, La Revue* 87, n° 2 (2020) : 21-35.

Vansina, Jan. *De la tradition orale : essai de méthode historique.* Tervuren : Musée royal de l'Afrique centrale, 1961.

Table des matières

1. Organisation de l'ouvrage *9*

2. Outillage "Cycle L" *11*

2.1 L'assiduité *11*

2.2 La prise de notes *12*

2.3 Travailler ses notes de cours *13*

2.4 Les contrôles de la progression *14*

2.5 Le brouillon *14*

2.6 Relire sa copie *14*

3. Le vocabulaire de l'historien *15*

3.1 Le document en histoire *15*

3.2 Sources primaires/sources secondaires *16*

3.3 Thème / Thématique *16*

3.4 Sujet *17*

3.5 Problématique (problématiser, questions/ problèmes) *18*

4. Les différentes parties d'un travail en histoire *20*

4.1 L'introduction *20*

4.2 Le développement *21*

4.3 La conclusion *21*

5. Les méthodes historiques *22*

5.1 Cours Magistral (CM) et Travaux dirigés (TD) *23*

5.2 Les Travaux Dirigés *25*

5.2.1 Le commentaire de document *25*

5.2.1.1 L'introduction 27

5.2.1.2 Le développement (ou le commentaire proprement dit) 41

5.2.1.3 La conclusion 42

5.2.2 L'exposé *65*

5.2.2.1 Choix du sujet et rédaction 65

5.2.2.2 Organisation 65

5.2.2.3 Préparation 66

5.2.2.4 Présentation orale 66

5.2.2.5 Gestion du temps et des discussions 67

5.3 La dissertation historique *69*

5.3.1 L'introduction 73

5.3.2 Le développement 74

5.3.3 La conclusion 75

Bibliographie ***81***

Structures éditoriales du groupe L'Harmattan

L'Harmattan Italie
Via degli Artisti, 15
10124 Torino
harmattan.italia@gmail.com

L'Harmattan Hongrie
Kossuth l. u. 14-16.
1053 Budapest
harmattan@harmattan.hu

L'Harmattan Sénégal
10 VDN en face Mermoz
BP 45034 Dakar-Fann
senharmattan@gmail.com

L'Harmattan Cameroun
TSINGA/FECAFOOT
BP 11486 Yaoundé
inkoukam@gmail.com

L'Harmattan Burkina Faso
Achille Somé – tengnule@hotmail.fr

L'Harmattan Guinée
Almamya, rue KA 028 OKB Agency
BP 3470 Conakry
harmattanguinee@yahoo.fr

L'Harmattan RDC
185, avenue Nyangwe
Commune de Lingwala – Kinshasa
matangilamusadila@yahoo.fr

L'Harmattan Congo
67, boulevard Denis-Sassou-N'Guesso
BP 2874 Brazzaville
harmattan.congo@yahoo.fr

L'Harmattan Mali
ACI 2000 - Immeuble Mgr Jean Marie Cisse
Bureau 10
BP 145 Bamako-Mali
mali@harmattan.fr

L'Harmattan Togo
Djidjole – Lomé
Maison Amela
face EPP BATOME
ddamela@aol.com

L'Harmattan Côte d'Ivoire
Résidence Karl – Cité des Arts
Abidjan-Cocody
03 BP 1588 Abidjan
espace_harmattan.ci@hotmail.fr

Nos librairies en France

Librairie internationale
16, rue des Écoles
75005 Paris
librairie.internationale@harmattan.fr
01 40 46 79 11
www.librairieharmattan.com

Librairie des savoirs
21, rue des Écoles
75005 Paris
librairie.sh@harmattan.fr
01 46 34 13 71
www.librairieharmattansh.com

Librairie Le Lucernaire
53, rue Notre-Dame-des-Champs
75006 Paris
librairie@lucernaire.fr
01 42 22 67 13

www.ingramcontent.com/pod-product-compliance
Lightning Source LLC
LaVergne TN
LVHW051629071026
849535LV00009BA/3510
* 9 7 8 2 1 4 0 3 5 5 1 8 9 *